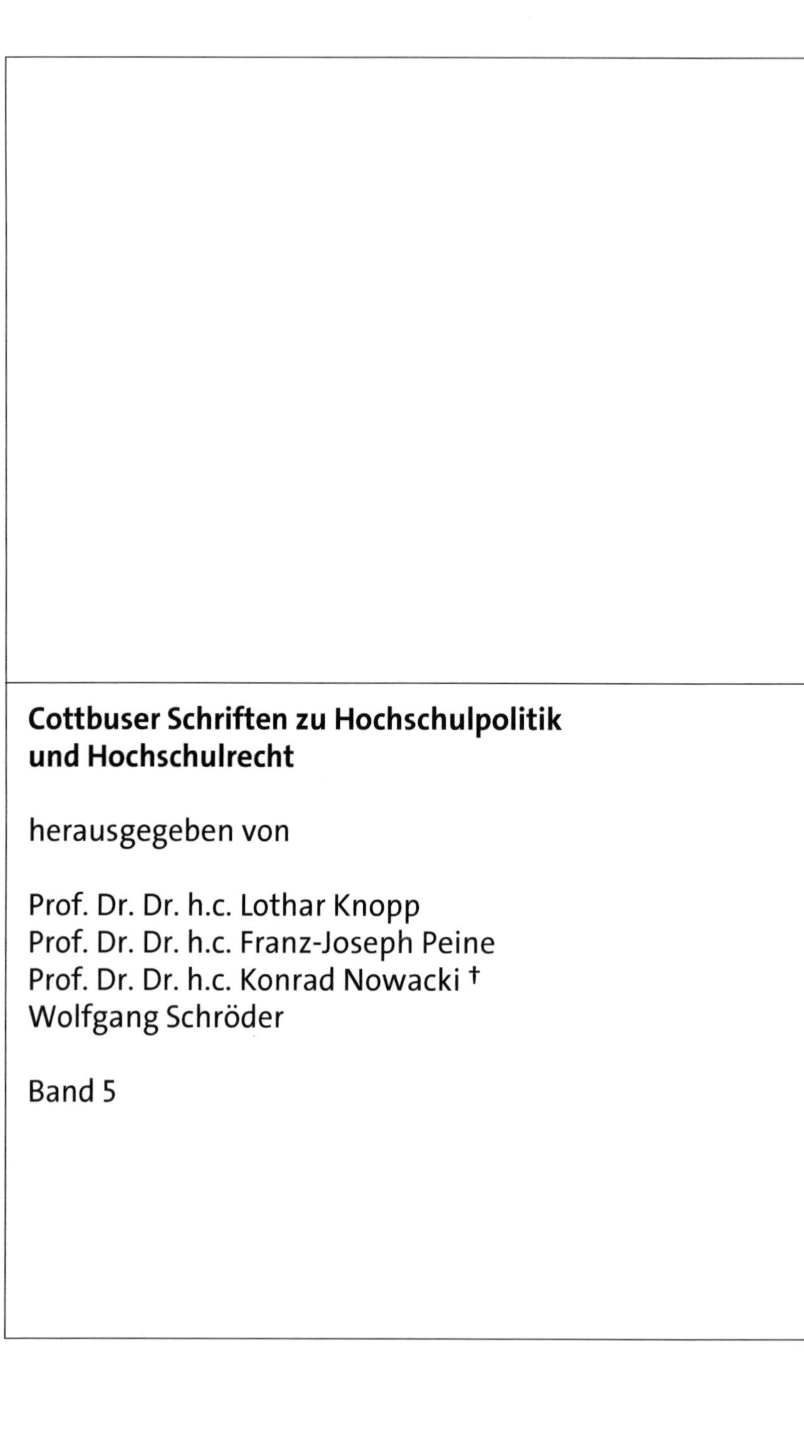

Cottbuser Schriften zu Hochschulpolitik und Hochschulrecht

herausgegeben von

Prof. Dr. Dr. h.c. Lothar Knopp
Prof. Dr. Dr. h.c. Franz-Joseph Peine
Prof. Dr. Dr. h.c. Konrad Nowacki †
Wolfgang Schröder

Band 5

Prof. Dr. Dr. h.c. Lothar Knopp (Hrsg.)

Effektives Rechtsschutzgebot – deutsche Verwaltungsgerichtsbarkeit quo vadis?

Louisa Linke | Lothar Knopp | Diana Stypula
unter Mitwirkung von
Wolfgang Schröder und Simone Herberg

Nomos

Die Deutsche Nationalbibliothek verzeichnet diese Publikation in der Deutschen Nationalbibliografie; detaillierte bibliografische Daten sind im Internet über http://dnb.d-nb.de abrufbar.

ISBN 978-3-8487-5698-8 (Print)
ISBN 978-3-8452-9833-7 (ePDF)

1. Auflage 2019

in memoriam

Konrad Nowacki

Vorwort

Die vorliegende Publikation ist Herrn Prof. Dr. iur. habil. Dr. h.c. Konrad Nowacki, ehemals Universität Breslau (Wrocław), gewidmet, der nach langer Krankheit im Alter von 71 Jahren am 23. September 2017 in Breslau verstarb. Prof. Nowacki war Mitglied des Gründungsdirektoriums am Zentrum für Rechts- und Verwaltungswissenschaften (ZfRV), einer zentralen wissenschaftlichen Einrichtung der seinerzeitigen BTU Cottbus (BTU) und jetzt der Brandenburgischen Technischen Universität Cottbus-Senftenberg (BTU CS) sowie Mitbegründer dieser Schriftenreihe. Des Weiteren war Prof. Nowacki maßgeblicher Initiator zur Gründung der gemeinsamen deutsch-polnischen Wissenschaftseinrichtung „German-Polish Centre for Public Law and Environmental Network“ (GPPLEN) der BTU Cottbus und der Universität Breslau (Wrocław) im Jahr 2008. Sein stetiges und engagiertes Wirken galt dabei nicht nur dem intensiven wissenschaftlichen Austausch beider Universitäten, sondern insbesondere auch einem freundschaftlichen und kollegialen Zusammenwirken von deutschen und polnischen Kolleginnen und Kollegen. Sein Beitrag zur Völkerverständigung zwischen Deutschland und Polen, weit über die rein wissenschaftliche Ebene hinausgehend, bleibt von unschätzbarem Wert. Wir betrauern daher nicht nur einen renommierten polnischen Rechtswissenschaftler, sondern auch einen Freund, dessen Wirken und Werke nach wie vor höchstes Ansehen genießen und dem wir immer ein ehrendes Andenken bewahren werden.

Das Thema „effektiver Rechtsschutz“ ist zwar kein spezifisches hochschulrechtliches oder hochschulpolitisches Thema, dennoch berührt es auch teilweise intensiv hochschulrechtliche Fragestellungen, die auf dem gerichtlichen Prüfstand stehen und ihrer Entscheidung harren, wie ein prominentes Praxisbeispiel zur Verknüpfung von Beamtenrecht und Hochschulrecht anschaulich belegt, das in der Publikation dargestellt wird.

Der Rechtssuchende hat jedenfalls aktuell häufig und vielerorts den Eindruck, wenn er mit deutscher Verwaltungsgerichtsbarkeit konfrontiert wird, dass die ihn betreffenden Verfahren zu keinem Abschluss gelangen, sondern er über Jahre hinweg auf eine gerichtliche Entscheidung warten muss. Das aus dem Grundgesetz abgeleitete effektive Rechtsschutzgebot, das gerade auch eine zeitangemessene Verfahrensdauer garantieren soll, scheint in der Gerichtspraxis mit einem Fokus auf die Verwaltungsgerichtsbarkeit zu einer bloßen Chimäre mutiert. Ein inzwischen teilweise unerträglicher Zustand für Betroffene, die ihr „Recht“ bei den Verwaltungsgerichten suchen (müssen).

Mit diesen Problemfällen beschäftigt sich der vorliegende Band 5, wobei ein Fokus der Betrachtung auf Brandenburg liegt, einem Bundesland, in dem von einem „effektiven Rechtsschutz“ durch die Verwaltungsgerichtsbarkeit überwiegend nicht mehr gesprochen werden kann.

Den Ausführungen zur deutschen Rechtssituation und -praxis, werden – vergleichsweise – die Regelungen im polnischen Recht zum effektiven Rechtsschutz gegenübergestellt, wobei der auf Polen bezogene Beitrag (*Stypula*) in der deutschen Übersetzung versucht, die speziellen polnischen Regelungsmechanismen in der Originalsprache teilweise wörtlich abzubilden, um zugleich „Verfälschungen“ ihrer Inhalte zu vermeiden.

Wie der Titel des vorliegenden Bandes belegt, steht im Fokus der Erörterung die „Verwaltungsgerichtsbarkeit“. Hierzu im Vergleich als „Exkurs“ wird – lediglich beispielhaft – auf die Bearbeitungssituation der Arbeits- und Finanzgerichtsbarkeit in einem abschließenden Beitrag eingegangen (*Schröder/Herzberg*).

Das Manuskript wurde Mitte Mai 2019 abgeschlossen, weshalb z. B. auch statistische Aussagen etc. nur bis zu diesem Zeitpunkt Berücksichtigung gefunden haben.

Cottbus, im Mai 2019 *Lothar Knopp (für die Herausgeber)*

Inhalt

Abkürzungsverzeichnis

a. A.	andere Auffassung
a. a. O.	am angegebenen Ort
Abs.	Absatz
AnwBl	Anwaltsblatt
AöR	Archiv für öffentliches Recht
ArbG	Arbeitsgesetz
ArbGG	Arbeitsgerichtsgesetz
Art.	Artikel
AsJ	Arbeitsgemeinschaft sozialdemokratischer Juristen
Az.	Aktenzeichen
BbgHG	Brandenburgisches Hochschulgesetz
BbgRiG	Brandenburgisches Richtergesetz
BbgVRV	Vereinigung der Verwaltungsrichterinnen und Verwaltungsrichter des Landes Brandenburg
BeckOK	Beck'scher Online-Kommentar
BeckRS	Beck Rechtsprechung
BGBl	Bundesgesetzblatt
BGH	Bundesgerichtshof
BT-Drs.	Bundestagsdrucksacke
BT-PlPr.	Bundestags-Plenarprotokoll
BVerfG	Bundesverfassungsgericht
BVerfGG	Bundesverfassungsgerichtsgesetz
BVerwG	Bundesverwaltungsgericht
BVerwGE	Entscheidungen des Bundesverwaltungsgerichts
bzw.	beziehungsweise
ca.	circa
d. h.	das heißt
ders.	derselbe
DÖV	Die Öffentliche Verwaltung
DRiG	Deutsches Richtergesetz
DRiZ	Deutsche Richterzeitung
DVBl	Deutsches Verwaltungsblatt
Dz.U.	Dziennik Ustaw
ebd.	ebenda
EGMR	Europäischer Gerichtshof für Menschenrechte
EMRK	Europäische Menschenrechtskonvention

etc.	et cetera
EUR	Euro
FGO	Finanzgerichtsordnung
gem.	gemäß
GG	Grundgesetz
GGO	Gemeinsame Geschäftsordnung der Bundesministerien
GVG	Gerichtsverfassungsgesetz
Hrsg.	Herausgeber
Hs.	Halbsatz
i. A. a.	in Anlehnung an
i. d. F.	in der Fassung
insbes.	insbesondere
i. V. m.	in Verbindung mit
jew.	jeweils
JZ	Juristenzeitung
k. A.	keine Angaben
LAG	Landesarbeitsgericht
LBG	Landesbeamtengesetz
LG	Landgericht
LKV	Landes- und Kommunalverwaltung
LT-Drs.	Landtagsdrucksache
LTO	Legal Tribune Online
m. w. N.	mit weiteren Nachweisen
NJ	Neue Justiz
NJW	Neue Juristische Wochenschrift
Nr.	Nummer
NRW	Nordrhein-Westfalen
NVwZ	Neue Zeitschrift für Verwaltungsrecht
NVwZ-RR	Neue Zeitschrift für Verwaltungsrecht Rechtsprechungs-Report
NWVBl.	Nordrhein-Westfälische Verwaltungsblätter
NZBau	Neue Zeitschrift für Baurecht und Vergaberecht
NZS	Neue Zeitschrift für Sozialrecht
o. Fn.	obige Fußnote
o. g.	oben genannte
OG	Oberste Gericht Polens
OLG	Oberlandesgericht
op. cit.	opus citatum
OPP	Orzecznictwo podatkowe. Przegląd
OTK	Orzecznictwo Trybunału Konstytucyjnego
OVG	Oberverwaltungsgericht
PiP	Państwo i Prawo

PLN	polnischer Złoty
Pos.	Position
resp.	respektive
Rn.	Randnummer
S.	Satz / Seite
SächsVBl.	Sächsische Verwaltungsblätter
SGG	Sozialgerichtsgesetz
sog.	sogenannte
st. Rspr.	ständige Rechtsprechung
StPO	Strafprozessordnung
u. a.	unter anderem
ÜberlVfRSchG	Gesetz über den Rechtsschutz bei überlangen Gerichtsverfahren und strafrechtlichen Ermittlungsverfahren
ÜGRSchG	Gesetz über Klage wegen Verletzung des Rechts auf Entscheidung in angemessener Frist
usw.	und so weiter
VerfGH	Verfassungsgerichtshof
VerfRP	Verfassung von Rheinland-Pfalz
VG	Verwaltungsgericht
vgl.	vergleiche
VVDStRL	Vereinigung der Deutschen Staatsrechtslehrer
VwGO	Verwaltungsgerichtsordnung
VwGV	Verwaltungsgerichtsverfassung
WiRO	Wirtschaft und Recht in Osteuropa
WVG	Woiwodschaftsverwaltungsgericht
z. B.	zum Beispiel
ZBR	Zeitschrift für Beamtenrecht
ZIS	Zeitschrift für Internationale Strafrechtsdogmatik
ZPO	Zivilprozessordnung
ZRP	Zeitschrift für Rechtspolitik
ZU	Zbiór Urzędowy

A. Effektives Rechtsschutzgebot unter besonderer Berücksichtigung eines zeitgerechten Verfahrens

Louisa Linke

I. Einleitung

Wird jemand durch die öffentliche Gewalt in seinen Rechten verletzt, so steht ihm der Rechtsweg offen, so schreibt es zumindest Art. 19 Abs. 4 S. 1 GG[1] vor. Aus ihm wurde das effektive Rechtsschutzgebot bei Verletzungen durch Hoheitsakte entwickelt.

Das effektive Rechtsschutzgebot aus Art. 19 Abs. 4 S. 1 GG ist auf die Justizgewährungspflicht des Rechtsstaatsprinzips aus Art. 20 Abs. 3 GG zurückzuführen.[2] Dabei gebietet Art. 19 Abs. 4 S. 1 GG nur effektiven Rechtsschutz gegen subjektive Rechtsverletzungen durch Hoheitsakte. Daneben besteht ein allgemeiner Justizgewähranspruch, der sich aus dem Rechtsstaatsprinzip i. V. m. Art. 2 Abs. 1 GG ableitet.[3] Spezieller und allgemeiner Justizgewähranspruch sind im Wesentlichen inhaltsgleich[4], wobei der allgemeine Justizgewähranspruch auch die Funktion einer Auffanggewährleistung übernimmt.[5]

Das eigentliche Gebot des effektiven Rechtsschutzes findet seine Grundlage in Art. 19 Abs. 4 S. 1 GG. Der Satz 2 des Art. 19 Abs. 4 GG bezieht sich hierauf und vervollkommnet die Rechtsschutzgarantie um subsidiären Rechtsschutz innerhalb der ordentlichen Gerichtsbarkeit. Art. 19 Abs. 4 S. 1 GG fordert gegenüber dem Staat einen effektiven, möglichst lückenlo-

---

1 Grundgesetz für die Bundesrepublik Deutschland in der im Bundesgesetzblatt Teil III, Gliederungsnummer 100-1, veröffentlichten bereinigten Fassung, zuletzt geändert durch Art. 1 des Gesetzes vom 28. März 2019, BGBl. I S. 404.

2 BVerfG, NJW 1974, 227, 227.

3 BVerfG, NJW 1988, 2787, 2787; BVerfG, NJW 1995, 3173, 3175; BVerfG, NJW 2003, 1924, 1924.

4 BVerfG, NVwZ 2007, 1176, 1177; a. A. *Huber*, der davon ausgeht, dass der allgemeine Justizgewähranspruch hinter Art. 19 Abs. 4 S. 1 GG zurückbleibt, siehe hierzu *Huber*, in: Mangoldt/Klein/Starck, Kommentar zum Grundgesetz, 2018, Art. 19 GG Rn. 358.

5 BVerfG, NZBau 2006, 791, 793.

sen Individualrechtsschutz ein.[6] Dies beinhaltet sowohl den Zugang zu Gerichten als auch die Wirksamkeit des Rechtsschutzes.[7] Darunter fällt letztlich auch ein zeitangemessener Rechtsschutz.[8] Dies scheint problematisch, nachdem die Verfahrensdauer in dem jeweiligen Verfahren – zumindest so subjektiv vom Rechtssuchenden empfunden – immer mehr zunimmt. Der Aspekt eines Rechtsschutzes in angemessener Zeit findet sich auch in Art. 6 Abs. 1 S. 1 EMRK[9], der bei der Auslegung der Grundrechte Berücksichtigung findet.[10] Inwieweit sich aus Art. 19 Abs. 4 S. 1 GG in den letzten 70 Jahren seit Inkrafttreten des Grundgesetzes eine umfassende Rechtschutzgarantie herausgebildet hat, soll, neben einer Darstellung der Grundlagen, Gegenstand dieser Untersuchung sein. Dabei wird dem Aspekt einer angemessenen Verfahrensdauer besondere Aufmerksamkeit zukommen.

II. Garantiegehalt

Art. 19 Abs. 4 S. 1 GG beinhaltet ein vorbehaltlos gewährleistetes Grundrecht auf einen effektiven, möglichst lückenlosen Rechtsschutz der Individualrechtssphäre.[11] Dies schließt aber nicht automatisch etwaige Einschränkungen des Rechtsschutzes aus. Diese Einschränkungen sind jedoch einer Verhältnismäßigkeitsprüfung zuzuführen.[12]

Das Gebot des effektiven Rechtsschutzes, wie es dem Grundgesetz im Rahmen des Art. 19 Abs. 4 S. 1 GG zu entnehmen ist, geht über die entsprechende Verpflichtung der Konventionsstaaten in Art. 6 Abs. 1 S. 1 EMRK hinaus. Art. 6 Abs. 1 S. 1 EMRK bezieht sich hierbei nur auf Strei-

---

6 BVerfG, NJW 1959, 475, 477; BVerfG, NJW 1984, 2028, 2029; BVerfG, NJW 1997, 2163, 2164.

7 BVerfG, NJW 1973, 1491, 1493; BVerfG, NVwZ 2011, 1062, 1064; BVerfG, NVwZ 2017, 305, 305.

8 BVerfG, NJW 1981, 1499, 1500; BVerfG, NJW 1995, 2477, 2477; BVerfG, NVwZ 2004, 471, 471.

9 Konvention zum Schutze der Menschenrechte und Grundfreiheiten vom 4. November 1950, zuletzt geändert durch Protokoll Nr. 14 vom 13. Mai 2004 mit Wirkung vom 1. Juni 2010.

10 BVerfG, NJW 1987, 2427, 2427; BVerfG, NJW 2004, 3407, 3408; BVerfG, NJW 2011, 1931, 1935.

11 BVerfG, NJW 1993, 1635, 1635; BVerfG, NJW 2000, 1175, 1176 f.; BVerfG, NVwZ 2003, 856, 857 (st. Rspr.).

12 BVerfG, NJW 1982, 2425, 2426; BVerfG, NJW 1993, 1635, 1635; BVerfG, NJW 2000, 1175, 1176 f.

tigkeiten bei zivilrechtlichen Ansprüchen und Verpflichtungen bzw. auf strafrechtliche Anklagen. In diesem Zusammenhang wird der Begriff des Zivilrechts vom EGMR autonom, also losgelöst von einem konventionsstaatlichen Verständnis, ausgelegt.[13] Diese Auslegung deckt sich mit deutschem Rechtsverständnis mitunter nicht. Das Zivilrecht kann demgemäß auch öffentlich-rechtliche Regelungen umfassen, wobei Materien des Kernbereiches der hoheitlichen Rechte ausgeschlossen sind.[14] Verfahren, die Bewertungen von Schul- und Hochschulprüfungen zum Gegenstand haben, fallen etwa nicht hierunter.[15] Dort wo Art. 6 Abs. 1 S. 1 EMRK zu berücksichtigen ist, findet er Beachtung bei der Auslegung der einzelnen Grundrechte, da die Konvention zum Schutz der Menschenrechte und Grundfreiheiten ein völkerrechtlicher Vertrag ist, der den Rang eines einfachen Gesetzes einnimmt.[16]

Die Verpflichtung zur Ausgestaltung eines effektiven Rechtsschutzes durch die Gewährleistung eines Zugangs zu den Gerichten sowie eines wirksamen Rechtsschutzes enthält zudem eine objektive Wertentscheidung.[17]

Daneben umfasst Art. 19 Abs. 4 S. 1 GG ebenfalls eine institutionelle Garantie auf Gewährleistung eines Rechtsweges zur Durchsetzung der Individualrechte.[18] Es handelt sich um eine im besonderen Maße normgeprägte Garantie, denn der Gesetzgeber besitzt einen weiten Gestaltungsspielraum[19] hinsichtlich der verfahrensrechtlichen, organisatorischen und finanziellen Ausgestaltung[20], bei dem lediglich Zielrichtung und Grund-

---

13 EGMR, NJW 1979, 477, 477; EGMR, Urteil vom 12. Juli 2001, Nr. 44759/98; EGMR, NJW 2002, 3453, 3454.

14 EGMR, NJW 2002, 3453, 3454; EGMR, NVwZ 2008, 289, 290.

15 EGMR, NVwZ 2008, 289, 290.

16 BVerfG, NJW 1987, 2427, 2427; BVerfG, NJW 2004, 3407, 3408; BVerfG, NJW 2011, 1931, 1935.

17 *Schmidt-Aßmann*, in: Maunz/Dürig, Grundgesetz, September 2017, Art. 19 GG Rn. 6, 10; *Huber*, in: Mangoldt/Klein/Starck, Kommentar zum Grundgesetz, 2018, Art. 19 GG Rn. 375 (m. w. N.).

18 *Stern*, Das Staatsrecht der Bundesrepublik Deutschland Band IV/2, 2011, S. 1890 (m. w. N.); ablehnend *Schenke*, in: Kahl/Waldhoff/Walter, Bonner Kommentar zum Grundgesetz, Februar 2009, Art. 19 GG Rn. 39 f.

19 BVerfG, NJW 1976, 34, 35; BVerfG, NJW 1982, 2425 f.; BVerfG, NJW 2000, 1175, 1176.

20 *Schmidt-Aßmann*, in: Maunz/Dürig, Grundgesetz, September 2017, Art. 19 GG Rn. 14; siehe speziell zur finanziellen Ausgestaltung – zwar für den allgemeinen Justizgewähranspruch, in diesem Punkt aber auch auf den effektiven Rechtsschutz aus Art. 19 Abs. 4 S. 1 GG übertragbar – BVerfG, NJW 2000, 797, 797; siehe außerdem *Stern* (o. Fn. 18), S. 1898.

sätze vorgegeben sind.[21] Dabei ist die materiale Gerechtigkeit mitunter gegenüber der Rechtssicherheit zurückzustellen.[22]

III. Tatbestandsvoraussetzungen

1. Eigene Rechte

Tatbestandlich muss zunächst jemand in eigenen Rechten verletzt werden. Geschützt werden sowohl natürliche (inländische und ausländische) Personen als auch juristische Personen des Privatrechts; solche des öffentlichen Rechts sind differenzierend zu beurteilen und genießen Schutz nur, sofern sie sich auf Grundrechte berufen können.[23]

Die Verletzung in eigenen Rechten setzt ein von der Rechtsordnung gewährtes subjektives Recht voraus.[24] Dies hat zur Folge, dass letzteres gerade nicht durch Art. 19 Abs. 4 S. 1 GG gewährt wird und auch bloße (wirtschaftliche) Interessen nicht ausreichen.[25] Die konkrete Rechtsposition eines subjektiv-öffentlichen Interesses kann auf einem Grundrecht, einem grundrechtsgleichen Recht oder einem einfachgesetzlich begründeten Recht beruhen, dessen Voraussetzungen als auch Reichweite vom Gesetzgeber festgelegt werden.[26] Die Qualifikation subjektiver Rechte als solche kann ferner durch europarechtliche Bestimmungen beeinflusst werden, wenn diese, gegenüber dem tradierten Verständnis des subjektiven Rechts, eine erweiternde Auslegung gebieten.[27]

---

21 BVerfG, NJW 2000, 1175, 1176; BVerfG, NJW 2007, 2464, 2472; BVerfG, NJW 2013, 1418, 1422.

22 BVerfG, NJW 1982, 2425, 2426, wobei die Rechtssicherheit selbst Ausdruck der materialen Gerechtigkeit ist, siehe ebd. Zur Abwägung zwischen dem Prinzip der Rechtskraft und dem Gebot der Gerechtigkeit im Rahmen des Rechtsstaatsprinzips: BVerfG, NJW 1953, 1137, 1138; BVerfG, NJW 1993, 1125, 1125.

23 Statt vieler *Schmidt-Aßmann*, in: Maunz/Dürig, Grundgesetz, September 2017, Art. 19 GG Rn. 38-44; speziell zu den Ausländern siehe BVerfG, NJW 1974, 227, 227; zu den juristischen Personen des öffentlichen Rechts siehe BVerfG, NJW 1967, 1411, 1413.

24 BVerfG, NJW 1963, 803, 804; BVerfG, NJW 1982, 2173, 2175; BVerfG, NJW 1991, 1878, 1878.

25 BVerfG, NJW 1991, 1878, 1878; BVerfG, NJW 1997, 3013, 3014; BVerfG, NJW 2005, 2289, 2295.

26 BVerfG, NJW 1989, 666, 667; BVerfG, NJW 1991, 1878, 1878; BVerfG, NJW 2005, 2289, 2295.

27 BVerwG, NVwZ 2014, 64, 67 f.

2. Verletzung

Eine Verletzung setzt einen rechtswidrigen Verstoß gegen ein subjektives Recht voraus.[28] Dem Wortlaut nach muss es sich dabei um eine bestehende Rechtsverletzung handeln, unabhängig davon ist für den Zugang zu den Gerichten eine *mögliche* Verletzung bereits ausreichend.[29]

3. Durch die öffentliche Gewalt

Von Art. 19 Abs. 4 S. 1 GG erfasst ist allein eine Verletzung subjektiver Rechte durch die öffentliche Gewalt. Der Begriff der öffentlichen Gewalt wird seitens des BVerfG eng ausgelegt[30] und nur auf die vollziehende Gewalt begrenzt.[31] Nicht erfasst sein soll die spruchrichterliche Tätigkeit eines Richters.[32] Prägnant wird dies zusammengefasst durch die Formel *protectio per iudicem, non contra iudicem*.[33] Das BVerfG begründet dies sowohl mit der Entstehungsgeschichte als auch der Gefahr eines nicht enden wollenden Rechtsschutzes.[34] Zudem wird ein rechtsstaatlich gebotener Rechtsschutz gegen den Richter durch den im Rahmen des allgemeinen Justizgewähranspruches gewährleisteten Rechtsschutz (bei Verfahrensgrundrechten) gewährt.[35] Diese enge Auslegung stieß in der Literatur zu Recht auf Kritik.[36] Denn Urteile sind ebenfalls Hoheitsakte, die den Einzelnen in seinen Rechten verletzen können.[37] Darüber hinaus spreche u. a. die Entstehungsgeschichte[38] als auch eine systematische Auslegung dafür, Richterak-

---

28 *Schmidt-Aßmann*, in: Maunz/Dürig, Grundgesetz, September 2017, Art. 19 GG Rn. 153.

29 BVerfG, DVBl 1971, 740, 740; BVerfG, NJW 1982, 2425, 2425; BVerfG, NVwZ 2010, 435, 437.

30 BVerfG, NJW 2003, 1924, 1925 f.; ebenso z. B. *Schenke*, JZ 2005, 116, 124; *Sachs*, in: Sachs, Grundgesetz, 2018, Art. 19 GG Rn. 120.

31 BVerfG, NJW 2003, 1924, 1925 f.

32 BVerfG, NJW 2003, 1924, 1925.

33 Übersetzt bedeutet dies: Rechtsschutz durch den Richter hingegen nicht gegen den Richter, siehe hierzu *Dürig*, in: Maunz/Dürig, Grundgesetz, 1958, Art. 19, Rn. 17; vom BVerfG übernommen: BVerfG, NJW 1963, 803, 803.

34 BVerfG, NJW 2003, 1924, 1925 f.

35 BVerfG, NJW 2003, 1924, 1926.

36 Z. B. *Voßkuhle*, Rechtsschutz gegen den Richter, 1993, S. 158 ff.; *Krebs*, in: Münch/Kunig, Grundgesetz-Kommentar, 2012, Art. 19 GG Rn. 63; *Huber*, in: Mangoldt/Klein/Starck, Kommentar zum Grundgesetz, 2018, Art. 19 GG Rn. 440 ff.

37 *Voßkuhle*, a. a. O., S. 6 f., 308.

38 A. a. O., S. 151 ff.

te unter den Begriff der öffentlichen Gewalt zu fassen.[39] Rechtspolitisch kann die fehlende Gewährleistung eines Instanzenzuges[40] durchaus kritisiert werden, sind doch Gerichtsverfahren in Zeiten von Überlastungsklagen durch Richter, mehr Entscheidungen durch den Einzelrichter und komplexer werdenden Rechtsgebieten durchaus fehleranfällig.[41] Freilich wird dieser Streit erst richtig virulent, sollte der Gesetzgeber einen Instanzenzug zugunsten einer Entlastung der Gerichte aufgeben.

Von der öffentlichen Gewalt erfasst sind ferner beispielsweise Regierungsakte oder Akte der Legislative[42], sofern sie keine Gesetzgebungsakte betreffen.[43] Darunter fallen jedenfalls materielle Gesetze und Normen des Innenrechtskreises mit Außenwirksamkeit.[44]

IV. Rechtsschutzgarantie

Das Gebot des effektiven Rechtsschutzes aus Art. 19 Abs. 4 S. 1 GG gewährt einerseits einen wirksamen, möglichst lückenlosen Rechtsschutz[45], der andererseits innerhalb *angemessener* Zeit zu erfolgen hat.[46] Es trifft Maßgaben für alle drei Gewalten, wenngleich der Schwerpunkt bei der Legislative und Judikative liegt. Die Reichweite dieser Maßgaben wird dabei auch durch Art. 6 Abs. 1 S. 1 EMRK beeinflusst.

---

39 *Schenke*, JZ 2005, 116 f.

40 Ein Instanzenzug wird nicht von Art. 19 Abs. 4 S. 1 GG umfasst, siehe hierzu BVerfG, NJW 1955, 17, 18; BVerfG, NVwZ 2010, 634, 640; BVerfG, NVwZ 2016, 1243, 1244 (st. Rspr.).

41 *Ramsauer*, AnwBl 2015, 739, 741 f.

42 Statt vieler *Schmidt-Aßmann*, in: Maunz/Dürig, Grundgesetz, September 2017, Art. 19 GG Rn. 81 f., 91 f.

43 Ob Gesetzgebungsakte einzubeziehen sind, ist weiterhin umstritten, seitens der Literatur wird der Wortlaut des Art. 19 Abs. 4 S. 1 GG hervorgehoben, so z. B. *Schenke*, in: Kahl/Waldhoff/Walter, Bonner Kommentar zum Grundgesetz, August 2009, Art. 19 GG Rn. 340; *Schmidt-Aßmann*, in: Maunz/Dürig, Grundgesetz, September 2017, Art. 19 GG Rn. 93 (m. w. N.); ablehnend aber *Sachs*, in: Sachs, Grundgesetz, 2018, Art. 19 GG Rn. 124; *Stern* (o. Fn. 18), S. 1911. Ablehnend auch das BVerfG, das den abschließenden Charakter des Art. 100 Abs. 1 GG anführt, siehe hierzu BVerfG, DVBl 1968, 637, 638.

44 BVerwG, NJW 1989, 1495, 1496; speziell zu Rechtsverordnungen siehe BVerfG, BeckRS 2006, 134700.

45 BVerfG, NJW 1959, 475, 477; BVerfG, NJW 1984, 2028, 2029; BVerfG, NJW 1997, 2163, 2164.

46 BVerfG, NJW 1981, 1499, 1500; BVerfG, NJW 1995, 2477, 2477; BVerfG, BeckRS 2004, 23995.

Im Folgenden werden ausgewählte Bereiche exemplarisch dargestellt, um einen ersten Eindruck von der Vielschichtigkeit des Gebotes des effektiven Rechtsschutzes zu vermitteln.

1. *Effektivitätsgebot*

a) Verwaltungsprozess

Die Gewährleistung eines effektiven, möglichst lückenlosen Rechtsschutzes betrifft sowohl die grundsätzliche Eröffnung des Rechtsweges als auch die konkrete, verfahrensmäßige wie inhaltliche Ausgestaltung eines Verwaltungsstreitverfahrens.[47]

aa) Zugang zu den Gerichten

Unter den Zugang zu Gerichten fällt z. B. die Eröffnung des Rechtsweges. Ein effektiver Rechtsschutz gebietet dem Gesetzgeber, in seiner Ausprägung als Gebot der Rechtswegklarheit, die Rechtswegeröffnung klar und bestimmt auszugestalten.[48]

Derzeit wird im Zusammenhang der Zuständigkeiten aber vielmehr von einer Rechtswegzersplitterung gesprochen.[49]

Aktuell kritisch diskutiert wird die gegenwärtige Rechtswegeröffnung von Vergaberechtsstreitigkeiten bei den Zivilgerichten[50], aber auch weite-

---

47 Statt vieler *Krebs*, in: Münch/Kunig, Grundgesetz-Kommentar, 2012, Art. 19 GG Rn. 68 ff.

48 BVerfG, NJW 1981, 1154, 1154; zum Gebot der Rechtswegklarheit siehe: *Schmidt-Aßmann*, in: Maunz/Dürig, Grundgesetz, September 2017, Art. 19 GG Rn. 230.

49 Dies führt zu einer Schwächung des Rechtsschutzes, siehe hierzu Präsidentin des Oberverwaltungsgerichts NRW, Abschlusserklärung zur 57. Jahrestagung der Präsidentinnen und Präsidenten der Oberverwaltungsgerichte und Verwaltungsgerichtshöfe der Länder sowie des Präsidenten des Bundesverwaltungsgerichts, Pressemitteilung vom 6. Oktober 2017, S. 2, abrufbar unter: http://www.verwaltungsgerichtsbarkeit.de/presse/presse/25_171006/171006_abschlusserklaerung.pdf.

50 Der Bund deutscher Verwaltungsrichter und Verwaltungsrichterinnen spricht von einer Missachtung des Gebotes der Rechtswegklarheit und -sicherheit, siehe hierzu Bund deutscher Verwaltungsrichter und Verwaltungsrichterinnen, Rechtsschutz durch die Verwaltungsgerichtsbarkeit im Vergaberecht!, Stellungnahme, September 2015, S. 4, abrufbar unter: http://www.bdvr.de/index.php/id-20142015-119.html; siehe zudem *Steinbeiß-Winkelmann*, NVwZ 2016, 713, 716.

rer Rechtsgebiete wie etwa beim Amtshaftungs- und Enteignungsrecht.[51] Bisweilen wurde selbst die Aufspaltung der Verwaltungsgerichtsbarkeit auf unterschiedliche Fachgerichtsbarkeiten als Verstoß gegen eine Rechtswegklarheit aus Art. 19 Abs. 4 S. 1 GG gewertet.[52]

Die Verpflichtung zur Eröffnung des Rechtsweges bedeutet nicht gleichzeitig ein Verbot von spezifischen Voraussetzungen, die einen solchen Zugang festlegen[53], etwa durch die Regelung von Fristen oder der Notwendigkeit eines Rechtsschutzinteresses. Letzteres fehlt, wenn z. B. nur eine Forderung von drei Cent geltend gemacht wird, dies entschied jüngst das VG Neustadt an der Weinstraße. Der Kläger strebe mit einer entsprechenden Klage an, weniger sein wirtschaftliches Interesse zu befriedigen als vielmehr Recht zu haben bzw. zu bekommen.[54] Bei erledigten Hoheitsakten wird z. B. als Sachurteilsvoraussetzung ein besonderes Feststellungsinteresse verlangt[55], um eine folgenlose Auskunft über die Rechtslage zu verhindern. Denn dies diene gerade, infolge der Entlastung der Gerichte, auch dem effektiven Rechtsschutz anderer.[56] Grundsätzlich unterliegt die Ausgestaltung von Zugangsvoraussetzungen dem weiten Gestaltungsspielraum des Gesetzgebers, dessen Regelungen sich aber stets an Art. 19 Abs. 4 S. 1 GG messen lassen müssen und mit diesem vereinbar sind, solange, bis keine unzumutbaren Erschwerungen der Eröffnung des Rechtsweges normiert werden.[57] Eine solche unzumutbare Erschwerung darf auch nicht durch den Richter im Rahmen der Auslegung von Prozessvorschriften erfolgen.[58]

Der Zugang zu den Gerichten ist gerade für Mittellose problematisch und wird unter dem Gebot der Rechtsschutzgleichheit als Teil des effekti-

51 *Steinbeiß-Winkelmann*, a. a. O., 715 f.

52 *Pitschas*, ZRP 1998, 96, 100.

53 BVerfG, NJW 1959, 1123, 1123; BVerfG, NJW 1960, 331, 331; BVerfG, NJW 1982, 2425, 2426.

54 VG Neustadt an der Weinstraße: Kein Rechtsschutz bei Forderung in Höhe von 0,03 €, Pressemitteilung Nr. 7/18 vom 7. Mai 2018, abrufbar unter: https://vgnw.justiz.rlp.de/de/startseite/detail/news/detail/News/pressemitteilung-nr-718.

55 Siehe zu den Fallgruppen statt vieler BVerfG, NJW 1997, 2163, 2164.

56 BVerfG, NJW 2002, 2456, 2456.

57 BVerfG, NJW 1960, 331, 331; BVerfG NJW 1976, 747, 747; BVerfG NVwZ 1988, 718, 719 (st. Rspr.).

58 BVerfG, NJW 1976, 747, 747; BVerfG NVwZ 1988, 718, 719; BVerfG, NJW 2002, 2456, 2456.

ven Rechtsschutzgebotes diskutiert.[59] Da Gerichtsverfahren auch immer Kosten produzieren, ist der Zugang zu Gerichten bei Unbemittelten abhängig davon, inwieweit ihnen Prozesskostenhilfe gewährt wird, um ihr Recht durchzusetzen. Auch ihnen darf der Zugang zum Gericht nicht unzumutbar erschwert werden.[60] Dies hat jedoch ebenfalls nicht voraussetzungslos zu erfolgen und kann von der Bedingung einer nicht mutwilligen Rechtsverfolgung abhängig gemacht werden.[61]

bb) Ausgestaltung des Verfahrens

Die Gewährleistung eines möglichst lückenlosen und wirksamen Rechtsschutzes gebietet die Prüfung des Anlassbegehrens in tatsächlicher und rechtlicher Hinsicht innerhalb eines förmlichen Verfahrens, welches mit einer verbindlichen Entscheidung durch ein Gericht abschließt.[62] Eine, in tatsächlicher und rechtlicher Hinsicht umfassende Prüfung steht in einem Spannungsverhältnis mit den allgemein anerkannten Gestaltungs-, Ermessens- und Beurteilungsspielräumen. Letztere sind beispielhaft anerkannt worden bei Prüfungsleistungen, um Chancengleichheit zu gewährleisten, denn die vergleichende Bewertung hängt auch von den Erfahrungen und Erwartungen eines Prüfers ab.[63] Der Gesetzgeber ist aber wegen des Spannungsverhältnisses gehalten, die Spielräume anhand hinreichend gewichtiger Sachgründe auszurichten. Keinesfalls darf das effektive Rechtsschutzgebot durch unzählige bzw. ausgedehnte Beurteilungsspielräume vereitelt werden.[64]

Eine vollständige Überprüfung des klägerischen Begehrens in tatsächlicher und rechtlicher Hinsicht kann indes nur bei vollständiger Kenntnis der Sachlage des Gerichts gewährleistet werden. Kritisch zu beurteilen ist

---

59 Das BVerfG zieht den Grundsatz der Angleichung von Bemittelten und Unbemittelten aus Art. 3 Abs. 1 GG i. V. m. dem Rechtsstaatsprinzip, siehe hierzu BVerfG, NJW 1991, 413, 413; BVerfG, NJW 2007, 979, 981 (st. Rspr.); diskutiert wird aber auch sich hierfür lediglich auf Art. 19 Abs. 4 S. 1 GG zu stützen, so *Huber*, in: Mangoldt/Klein/Starck, Kommentar zum Grundgesetz, 2018, Art. 19 GG Rn. 465.

60 BVerfG, NJW 1960, 331, 331; BVerfG, NVwZ 1988, 718, 719; BVerfG, NJW 2007, 979, 981.

61 BVerfG, NJW 1960, 331, 331; BVerfG, NJW 1991, 413, 413; BVerfG, NJW 1995, 1415, 1415 f.

62 BVerfG, NJW 1982, 2173, 2176; BVerfG, BeckRS 2009, 40442; BVerfG, NVwZ 2010, 435, 437.

63 BVerfG, NJW 1991, 2005, 2007.

64 BVerfG, NVwZ 2011, 1062, 1065; BVerfG, NVwZ 2012, 694, 696.

daher die Ausgestaltung des selbstständigen In-camera-Verfahrens in § 99 VwGO. Statt der Unverwertbarkeit geheimhaltungsbedürftiger Informationen im Hauptverfahren sollte vielmehr eine In-camera-Verwertung der Geheiminformationen erfolgen. Die Gefahr der ungewollten Preisgabe geheimhaltungsbedürftiger Informationen[65] kann durch geeignete Maßnahmen des Gerichts unterbunden werden. Nicht zu unterschätzen ist dennoch, dass auch die geheime Verwertung von Informationen zu einer geringeren Qualität des Rechtsschutzes mangels rechtlichem Gehör führen kann.[66]

Aus dem effektiven Rechtsschutzgebot kann im Einzelfall auch die Notwendigkeit eines vorbeugenden Rechtsschutzes folgen, der allseitig anerkannt ist, wenn beträchtliche und irreparable Rechtsverletzungen zu befürchten sind.[67]

Aus der Pflicht zur Gewährleistung eines effektiven Rechtsschutzes ergibt sich gleichbedeutend die Pflicht zur Gewährleistung eines vorläufigen Rechtsschutzes mit dem Ziel, einem nicht wiedergutzumachenden Schaden möglichst vorzubeugen.[68] Die konkrete Form der Ausgestaltung unterliegt aber dem Gestaltungsspielraum des Gesetzgebers. In Eilrechtsschutzverfahren erfolgt in Einklang mit Art. 19 Abs. 4 S. 1 GG grundsätzlich eine summarische Prüfung, deren Umfang aber auf eine umfassende Prüfung in tatsächlicher und rechtlicher Hinsicht auszudehnen ist, sofern nur eine solche dem effektiven Rechtsschutz gerecht wird.[69] Probleme können sich auch dann ergeben, wenn das Gericht von der Verfassungswidrigkeit einer anzuwendenden Norm überzeugt ist. Gemäß Art. 100 Abs. 1 GG hat das BVerfG die Verfassungskonformität der Norm zu beurteilen, dies bedeutet aber gleichzeitig einen immens zu erwartenden Zeitverlust infolge der Durchführung eines Zwischenverfahrens, den es gerade im einstweiligen Rechtsschutzverfahren zu verhindern gilt. Diese Problematik wurde zuletzt

---

65 *Schmidt-Aßmann*, in: Maunz/Dürig, Grundgesetz, September 2017, Art. 19 GG Rn. 226a.

66 *Margedant*, NVwZ 2001, 759, 763; *Vogel*, ZIS 2017, 28, 35, *Vogel* bezieht sich zwar direkt auf Strafverfahren, der Gedanke ist aber insoweit auch übertragbar auf Verwaltungsverfahren.

67 Statt vieler *Schmidt-Aßmann*, in: Maunz/Dürig, Grundgesetz, September 2017, Art. 19 GG Rn. 278 (m. w. N.).

68 BVerfG, NJW 1973, 1491, 1493; BVerfG, NJW 1995, 2477, 2477; BVerfG, BeckRS 2016, 51523.

69 BVerfG, NJW 2003, 1236, 1236 f.; BVerfG, NVwZ 2004, 95, 95; BVerfG, NVwZ 2005, 927, 928.

durch den Beschluss des OVG Nordrhein-Westfalen aus dem Jahr 2017 wieder aktuell.[70] Eine Vorlage an das BVerfG erfolgte nicht.

b) Verwaltungsverfahren

Darüber hinaus beeinflusst Art. 19 Abs. 4 S. 1 GG partiell das Verwaltungsverfahren, obwohl es primär den effektiven Rechtsschutz vor Gerichten enthält. Aus dem effektiven Rechtsschutzgebot erwachsen Anforderungen an das Verwaltungsverfahren, konkret dem Verhalten der Behörde, etwa in Form einer Begründungs- und Aktenführungspflicht.[71] Es ergeben sich aber auch Warte- und Mitteilungspflichten, z. B. im Rahmen eines Konkurrentenstreits im Beamtenrecht.[72]

Auch die materielle Präklusion ist im Kontext des Art. 19 Abs. 4 S. 1 GG zu diskutieren, schließlich bewirkt diese einen Einwendungsausschluss von mitunter subjektiven Rechten zu einem späteren Verfahrenszeitpunkt. Gerade bei komplizierten Massenverfahren sichert dies die Funktionsfähigkeit der Verwaltung und Gerichte.[73] Außerdem dient ein solcher Einwendungsausschluss auch der Wirksamkeit des Rechtsschutzes, denn so können Einwendungen frühzeitig erörtert und geprüft werden.[74]

Ferner tangiert Art. 19 Abs. 4 S. 1 GG das Verwaltungsverfahren z. B. bei der Frage der Durchsetzung subjektiver Verfahrensrechte oder der Auswirkung von Verfahrensfehlern auf die konkrete Entscheidung der Verwaltung.[75] Heilungsklauseln sind mit Art. 19 Abs. 4 S. 1 GG grundsätzlich vereinbar, ein diesbezüglich bestehendes Kostenrisiko muss der Kläger einkalkulieren.[76] Der Gesetzgeber hat jedoch durch Erledigungs- und Kostenvor-

---

70 OVG Münster, Beschluss vom 21. Februar 2017 Az.: 6 B 1102/16=BeckRS 2017, 102158, diesem Beschluss lag ein Beschluss des VG Düsseldorf (Beschluss vom 5. September 2016 Az.: 2 L 2866/16=BeckRS 2016, 51048) zugrunde, in dem im Rahmen eines Eilrechtsschutzverfahrens verfassungsrechtliche Bedenken gegen § 19 Abs. 4 LBG NRW geäußert wurden. § 19 Abs. 4 LBG NRW dient der Frauenförderung.

71 BVerfG, NJW 1982, 2173, 2175 f.; BVerfG, NJW 2001, 1121, 1124.

72 BVerfG, NVwZ 2011, 358, 361 f.; BVerfG, NJW 1990, 501, 501.

73 BVerfG, NJW 1982, 2173, 2177.

74 A. a. O.

75 *Schmidt-Aßmann*, in: Maunz/Dürig, Grundgesetz, September 2017, Art. 19 GG Rn. 25.

76 BVerwG, NVwZ-RR 2010, 550, 550 f.; a. A. *Bracher*, DVBl 1997, 534, 538; *Hatje*, DÖV 1997, 477, 485.

schriften dafür Sorge zu tragen, dass kein unzumutbares Kostenrisiko eröffnet wird.[77]

2. *Verfahrensdauer in der Verwaltungsgerichtsbarkeit*

a) Kriterien für die Beurteilung einer angemessenen Verfahrensdauer

Das Gebot des effektiven Rechtsschutzes aus Art. 19 Abs. 4 S. 1 GG, ebenso wie aus Art. 6 Abs. 1 S. 1 EMRK, verlangt eine Entscheidung in angemessener Zeit, welches sich letztlich in einem Beschleunigungsgebot konkretisiert.[78] Die Gewährleistung einer zeitgerechten Entscheidung richtet sich an den Richter wie Gesetzgeber gleichermaßen. Der Gesetzgeber hat die konkrete Ausgestaltung der Verwaltungs- und Verwaltungsstreitverfahren auch anhand des Zeitfaktors zu beurteilen, zudem hat er für eine zureichende Sach- und Personalausstattung zu sorgen, um eine zeitgerechte Entscheidung zu gewährleisten.[79] Auch hat der Richter durch seine prozessleitenden Maßnahmen dem Rechtsschutzgebot gerecht zu werden und die konkrete Verfahrensdauer bei seinen Entscheidungen zu beachten.[80]

Wenn durch Art. 19 Abs. 4 S. 1 GG ein effektiver Rechtsschutz gewährleistet wird, bedeutet dies nicht, den *effektivsten* Rechtsschutz sicherzustellen. Das Gebot darf nicht extensiv ausgelegt werden. Daher ist ein Rechtsschutz auch nicht in kürzester, sondern in *angemessener* Zeit zu gewährleisten.[81] Eine gesetzlich festgelegte Höchstverfahrensdauer kann es nicht geben, sind doch die Verwaltungsrechtsmaterien äußerst verschieden[82], womit gleichbedeutend auch eine unterschiedliche Bearbeitungsdauer bei unterschiedlichem Umfang des Verfahrens einhergeht. Gleichzeitig kann eine Höchstverfahrensdauer in vielen Fällen zu einer unangemessenen Verfahrensdauer führen, wären im Einzelfall schnellere Entscheidungen geboten.[83]

---

77 *Schmidt-Aßmann*, in: Maunz/Dürig, Grundgesetz, September 2017, Art. 19 GG Rn. 155.

78 A. a. O., Rn. 263.

79 A. a. O.

80 BVerfG, NJW 2001, 214, 215; BVerfG, NZS 2010, 381, 382; BVerfG, NJW 2013, 3630, 3632.

81 *Haag*, Effektiver Rechtsschutz, 1986, S. 40, 62 f.

82 BVerfG, NVwZ 2004, 471, 471; zum allgemeinen Justizgewähranspruch: BVerfG, NJW 2001, 214, 215.

83 *Haremza*, Der untätige Verwaltungsrichter, 2009, S. 29.

Der EGMR und das BVerfG stellen bei ihrer Beurteilung der Angemessenheit der Verfahrensdauer auf eine Einzelfallprüfung ab, bei der die Bedeutung des Verfahrens für den Einzelnen, die tatsächliche oder rechtliche Komplexität, das Partei- und Gerichtsverhalten sowie sonstiger Dritter als Kriterien in die Entscheidung einbezogen werden.[84] Keine Berücksichtigung hingegen finden eine Überlastung des Gerichts, andere länger andauernde Verfahren oder eine missliche Personalsituation.[85] Die verschiedenen Instanzen sind als ein Gesamtverfahren zu beurteilen[86], wobei nach dem EGMR auch das Vorverfahren einzubeziehen ist.[87] Als grobe Faustregel hat der EGMR in einem *obiter dictum*[88] mitunter ein Jahr je Zuständigkeitsbereich für angemessen gehalten.[89] Bei der Beurteilung der Unangemessenheit kann für deren Objektivierung nach dem BVerwG nicht auf statistische Mittelwerte zurückgegriffen werden, einerseits wegen der bereits erwähnten Vielschichtigkeit des Verwaltungsrechts. Andererseits variiert die Verfahrensdauer innerhalb der Länder stark, was unterschiedliche Beurteilungen über eine angemessene Verfahrensdauer bedingt, letztlich aber auch, weil die Verfahrensdauer in den jeweiligen Ländern ebenfalls auf deren Finanzressourcen beruht, dieser Aspekt jedoch nicht berücksichtigungsfähig ist.[90] Gleichwohl zieht das BVerfG die durchschnittliche Dauer nach Verfahrensart als einen ersten Anhaltspunkt heran.[91] Unter Anwendung dieser Kriterien kommt das BVerwG z. B. zu der Ansicht, dass eine Verfahrensdauer von 35 Monaten und vier Tagen nicht unangemessen lang ist[92], hingegen in einem anderen Fall eine angemessene Verfahrensdauer

84 BVerfG, NJW 2001, 214, 215; BVerfG, NVwZ 2004, 471, 471; EGMR, NJW 1979, 477, 479; EGMR, NJW 2006, 2389, 2393.

85 BVerfG, BeckRS 2003, 24461; EGMR, NJW 2001, 211, 212; BT-Drs. 17/3802, S. 19.

86 BVerfG, NJW 2001, 214, 215; BVerfG, BeckRS 2005, 21970; BVerwG, NJW 2014, 96, 97.

87 EGMR, NJW 1979, 477, 478 f.; EGMR, Urteil vom 24. Juni 2010, Nr. 25756/09; EGMR, Urteil vom 30. Juni 2011, Nr. 11811/10.

88 BVerwG, NJW 2014, 96, 99.

89 EGMR, Urteil vom 16. Januar 2003, Nr. 50034/99; EGMR, Urteil vom 9. Oktober 2008, Nr. 62936/00; EGMR, Urteil vom 26. November 2009, Nr. 13591/05.

90 BVerwG, NJW 2014, 96, 100.

91 BVerfG, NJW 1981, 1499, 1500; BVerfG, NJW 1992, 1498, 1498.

92 Das VG Wiesbaden hatte im Ausgangsverfahren über eine abgaberechtliche Streitigkeit zu entscheiden, Verfahrensgegenstand war u. a. eine Erstattung eines im Wege der Zwangsvollstreckung erlangten Guthabens auf dem klägerischen Grundbesitzkonto. Die Verfahrensdauer von 35 Monaten und vier Tagen erachtete das BVerwG trotz des (aufgrund seines fortgeschrittenen Alters) bestehenden erheblichen Interesses des Klägers zu 1 für angemessen. In einer Abwägung be-

um zwei Jahre überschritten wurde[93], worin sich in hohem Maße die Einzelfallgerechtigkeit zeigt.

Bei der Frage nach einer angemessenen Verfahrensdauer sind weitere rechtsstaatliche Anforderungen zu berücksichtigen. So kommt das Gebot des effektiven Rechtsschutzes auch in dem grundrechtsgleichen Recht auf rechtliches Gehör aus Art. 103 Abs. 1 GG zum Ausdruck[94], das nicht nur eine längere Verfahrensdauer bewirken kann, zumindest aber eine zu kurze Verfahrensdauer verhindert[95], dabei zugleich aber einer überlangen Verfahrensdauer widerspricht, wenn das rechtliche Gehör nicht mehr ausreichend gewährt werden kann.[96] Eine „absolute" Verfahrensdauer ist aber auch diesem Recht nicht zu entnehmen.[97]

---

rücksichtigte das BVerwG die überdurchschnittliche Schwierigkeit des Verfahrens, die sich nicht aus dem Verfahrensgegenstand (dieser wurde als durchschnittlich schwer gewertet), sondern vielmehr aus den umfangreichen sowie inhaltlich schwer erschließbaren Ausführungen der Kläger und dem Umfang der Verwaltungsvorgänge ergab. Zudem führte das BVerwG das klägerische Verhalten an, der Kläger beantragte u. a. mehrfach Fristverlängerungen und die Einräumung von Äußerungsmöglichkeiten, siehe hierzu BVerwG, NVwZ-RR 2017, 635, 643 ff.

93 Gegenstand des Ausgangsverfahrens war die Kürzung einer Wohnungsbauförderung. Dem Kläger war durch Fördermittel ein zinsverbilligtes Darlehen für den Erwerb von Wohneigentum bewilligt worden, in der Folgezeit wurden die Bewilligungsbescheide zum Teil widerrufen. Das VG Berlin wies die dagegen gerichtete Klage nach etwa neun Monaten ab. Der Kläger beantragte die Zulassung der Berufung. Das OVG benötigte schließlich zwei Jahre und neun Monate für einen ablehnenden Beschluss. Das BVerwG nahm eine nicht gerechtfertigte Verzögerung des Gesamtverfahrens von zwei Jahren an, dabei wurde das vor dem VG Berlin zügig geführte Verfahren mindernd berücksichtigt. Bei der Beurteilung der Verzögerung berief sich das BVerwG auf einen allenfalls durchschnittlichen Schwierigkeitsgrad sowie auf das, keine Verzögerung bewirkende, klägerische Verhalten. Die fehlende besondere Bedeutung des Verfahrens für den Kläger führte dabei zu keiner anderen Beurteilung, siehe hierzu BVerwG, NVwZ 2014, 1523, 1525 ff.

94 BVerfG, NJW 1990, 1104, 1105.

95 BVerfG, NJW 1980, 2698, 2698.

96 Z. B. infolge von Erinnerungslücken bei Zeugen, siehe hierzu *Kloepfer*, JZ 1979, 209, 213.

97 *Haremza* (o. Fn. 83), S. 36.

b) Das Gesetz über den Rechtsschutz bei überlangen Gerichtsverfahren und strafrechtlichen Ermittlungsverfahren

Deutschland wurde durch den EGMR verpflichtet, einen Rechtsbehelf gegen Verfahren mit überlanger Verfahrensdauer zur Verfügung zu stellen.[98] Art. 13 EMRK beinhaltet auch die Notwendigkeit, sich gegen eine überlange, Art. 6 Abs. 1 S. 1 EMRK verletzende Verfahrensdauer zu wenden.[99] Ende 2011 ist das Gesetz über den Rechtsschutz bei überlangen Gerichtsverfahren und strafrechtlichen Ermittlungsverfahren (ÜberlVfRSchG)[100] in Kraft getreten. Bei der konkreten Ausgestaltung des Gesetzes war eine kompensatorische wie präventive Regelung beabsichtigt. Generell-präventiv soll das Risiko einer Entschädigungsklage wirken und konkret-präventiv die Erhebung einer Verzögerungsrüge im Verfahren, schließlich werde das Gericht einen entsprechenden Vorwurf unterbinden wollen.[101]

Mit dem ÜberlVfRSchG wurde daher u. a. das Gerichtsverfassungsgesetz (GVG)[102] um die Vorschriften der §§ 198 bis 201 GVG ergänzt, auf die auch die VwGO in § 173 S. 2 VwGO[103] verweist. § 198 Abs. 1 S. 1 GVG enthält die zentrale Regelung, dass ein Verfahrensbeteiligter, der infolge einer unangemessenen Verfahrensdauer einen Nachteil erleidet, angemessen entschädigt wird. Die Angemessenheit der Verfahrensdauer wiederum bemisst sich nach § 198 Abs. 1 S. 2 GVG. Der Gesetzgeber nahm diesbezüglich die Rechtsprechung des BVerfG und EGMR auf, dementsprechend richtet sich die Verfahrensdauer nach den Umständen des Einzelfalles, insbesondere nach der Schwierigkeit und Bedeutung des Verfahrens und nach dem Verhalten der Verfahrensbeteiligten und Dritter. Der Nachteil, der nicht Vermögensnachteil ist, wird dabei vermutet, sofern ein Gerichtsverfahren unangemessen lang dauert, vgl. § 198 Abs. 2 S. 1 GVG. Bei einem solchen Nachteil beläuft sich gemäß § 198 Abs. 2 S. 3 GVG die Entschädigung – ist eine Wiedergutmachung auf andere Weise gemäß § 198 Abs. 4 GVG nicht

---

98 EGMR, NJW 2010, 3355, 3558.

99 EGMR, NJW 2001, 2694, 2699 f.

100 Gesetz vom 24. November 2011, BGBl. I 2011 S. 2302.

101 BT-Drs. 17/3802, S. 16; *Steinbeiß-Winkelmann*, ZRP 2010, 205, 206 u. 209; *Ungern-Sternberg*, in: Walter/Grünewald, BeckOK BVerfGG, Dezember 2017, § 97a BVerfGG Rn. 4.

102 Gerichtsverfassungsgesetz i. d. F. der Bekanntmachung vom 9. Mai 1975, BGBl. I S. 1077, zuletzt geändert durch Gesetz vom 30. Oktober 2017, BGBl. I S. 3618.

103 Verwaltungsgerichtsordnung i. d. F. der Bekanntmachung vom 19. März 1991, BGBl. I S. 686, zuletzt geändert durch Gesetz vom 8. Oktober 2017, BGBl. I S. 3546.

ausreichend – auf 1.200 EUR pro Jahr der Verzögerung.[104] Der Betrag stützt sich auf die zugesprochenen Entschädigungssummen des EGMR.[105]

Für eine Entschädigung hat der Verfahrensbeteiligte zwingend zunächst die Dauer des Verfahrens bei dem mit der Sache befassten Gericht zu rügen. Dies ist jedoch erst möglich, wenn die Besorgnis besteht, dass das Verfahren nicht in angemessener Zeit abgeschlossen wird, vgl. § 198 Abs. 3 S. 1, 2 GVG. Die Entschädigungsklage kann dann frühestens sechs Monate nach Erhebung der Verzögerungsrüge bzw. spätestens sechs Monate nach Eintritt der Rechtskraft der Entscheidung, die das Verfahren beendet, oder einer anderen Erledigung des Verfahrens erhoben werden (§ 198 Abs. 4 S. 1, 2 GVG).

Das ÜberlVfRSchG war nach zwei Jahren zu evaluieren.[106] Dem Erfahrungsbericht ist zu entnehmen, dass es im Berichtszeitraum von Dezember 2011 bis Dezember 2013 in der Verwaltungsgerichtsbarkeit bundesweit „nur" 856 Verzögerungsrügen gab, wobei lediglich 5,6 % davon in einer Entschädigungsklage mündeten.[107] Die Erfolgsquote der Entschädigungsklagen ist dabei in der Verwaltungsgerichtsbarkeit mit etwa 58 % deutlich am höchsten (z. B. gegenüber der Zivilgerichtsbarkeit mit etwa 31 %). Sofern zulässige Entschädigungsklagen abgewiesen wurden, beruhte das in etwa 91 % der Verfahren auf einer fehlenden überlangen Verfahrensdauer. Interessant ist, dass etwa 42 % der Entschädigungsklagen beim OVG Berlin-Brandenburg erhoben wurden, während in fünf Bundesländern, darunter Hamburg und Niedersachsen, keine Klagen eingereicht wurden. Mindestens 65 % der Entschädigungsklagen beim OVG Berlin-Brandenburg betrafen dabei Brandenburg. Zudem waren etwa 72 % der gesamten erfolgreichen Klagen im Berichtszeitraum gegen Brandenburg gerichtet. Die Anzahl der Klagen als auch die Erfolgsquote deuten, auch im Hinblick auf die Häufung entsprechender erfolgreicher Klagen im Vergleich zu anderen Bundesländern, ein strukturelles Problem in Brandenburg an.

---

104 Gemäß § 198 Abs. 2 S. 4 GVG kann das Gericht abweichend davon einen höheren oder niedrigeren Betrag festsetzen, sofern die gesetzlich vorgesehene Höhe nach den Umständen des Einzelfalles unbillig wäre. Eine zeitanteilige Berechnung ist bei Zeiträumen vorzunehmen, die ein Jahr nicht überschreiten, siehe hierzu BT-Drs. 17/3802, S. 20.

105 BT-Drs. 17/3802, S. 20.

106 BT-Drs. 17/7217, S. 3 f.; BT-PlPr. 17/130, S. 15348.

107 Siehe hierzu und den folgenden Angaben BT-Drs. 18/2950, S. 18, 32 f.; zu beachten ist, dass in drei Bundesländern zu den Verzögerungsrügen keine Erfassung durchgeführt wurde, siehe hierzu BT-Drs. 18/2950, S. 18.

Die geringe Anzahl der erfolgreichen Entschädigungsklagen im Berichtszeitraum (der ohnehin schon wenigen Klagen) und auch Verzögerungsrügen, ließen grundsätzlich den Schluss zu – so die Zusammenfassung des Erfahrungsberichts –, dass die Frage einer unangemessenen Verfahrensdauer quantitativ keine Bedeutung hat.[108] Diese Feststellung lässt im Rahmen der Entschädigungsklagen freilich unbeachtet, dass auch für dieses Verfahren Gerichtskosten und Rechtsanwaltsgebühren anfallen, die Entscheidung aber im höchsten Maße einzelfallbezogen und somit kaum vorhersehbar ist. Die geringe Anzahl der Verzögerungsrügen mag zudem mit dem Wunsch zusammenhängen, den Richter nicht gegen sich aufbringen zu wollen. Gleichwohl lässt sich aus Anwaltssicht nach Erhebung einer Verzögerungsrüge eine Beschleunigung des Verfahrens beobachten, was z. B. in der Möglichkeit der Berücksichtigung solcher Rügen in dienstlichen Beurteilungen begründet sein kann.[109] Selbst wenn diesem Aspekt keine Breitenwirkung zukommt, anders als die statistischen Zahlen dies andeuten, muss angesichts des dahinter stehenden effektiven Rechtsschutzgebotes weiter an einer Verbesserung der Umstände gearbeitet werden.

Aktuell wurden in Brandenburg im Jahr 2015 in der Verwaltungsgerichtsbarkeit 44 Verzögerungsrügen, jedoch keine Entschädigungsklage erhoben. Im ersten Halbjahr 2016 hingegen waren es 220 Verzögerungsrügen, wobei diese beinahe alle auf die Altanschließerverfahren beim VG Potsdam zurückzuführen sind, zudem wurden neun Klagen eingereicht.[110]

c) Statistische Auswertung der Verfahrensdauer in der Verwaltungsgerichtsbarkeit

Der Schluss der fehlenden quantitativen Bedeutung überlanger Verfahrensdauern widerspricht eklatant den statistischen Erhebungen, betrachtet man diese Thematik losgelöst von der richterlichen Einzelfallentscheidung. Die Dauer der Gerichtsverfahren, auch der Verwaltungsstreitverfahren, ist Anlass jahrzehntelanger, nicht enden wollender Kritik. So wurde bereits 1977 eine Verfahrensdauer für zwei Instanzen von zwei bis drei Jahren beklagt.[111] In der Vergangenheit wurden die Ursachen in der Normenflut gesehen, die einen erhöhten Rechtsanwendungsumfang begründet

108 BT-Drs. 18/2950, S. 32.

109 *Kirchberg*, DVBl 2015, 675, 678.

110 LT-Drs. 6/5346, S. 3 f. Nicht alle Bundesländer führen eine entsprechende Statistik.

111 *Redeker*, DVBl 1977, 132, 133.

und die Verfahrensdauer in die Länge zieht. Auch eine zunehmende Kontrolldichte sowie die fehlende Personal- und Sachausstattung wurde angeführt.[112]

Vorgeschlagen wurden Änderungen des Verfahrensrechtes[113], dem der Gesetzgeber mitunter z. B. durch die Einführung von § 6 VwGO, § 84 VwGO oder durch die 6. VwGO Novelle, die zu einer umfassenden Änderung des Rechtsmittelrechts führte, nachkam. Nicht jede Änderung des Gesetzgebers ist dabei unkritisch hinzunehmen. So bestanden vielseitig geäußerte verfassungsrechtliche Zweifel gegen den Richter auf Zeit (§ 18 VwGO)[114], der zur Deckung eines nur vorübergehenden Personalbedarfes etwa bei kurzfristig zu erwartenden erhöhten Verfahrenszahlen wie in der aktuellen Flüchtlingssituation eingeführt wurde.[115] Ein viel pragmatischerer Vorschlag setzt in der Praxis bei den Möglichkeiten eines effektiveren richterlichen Agierens etwa durch richterliche Lenkung vorzuziehender (geeigneter, weil z. B. offensichtlich unbegründeter) Verfahren an[116], wenngleich die Pauschalität dieses Vorschlages offensichtlich ist.

Bei Betrachtung der statistischen Erhebungen der letzten Jahre zeigt sich, dass das Gebot des effektiven Rechtsschutzes in vielen Verfahren, da hier nur statistische Mittelwerte beurteilt werden können, verletzt, zumindest aber weitgehend massiv gefährdet ist.

---

112 *Dombert*, SächsVBl. 1995, 73, 75.

113 A. a. O., 77 f.

114 Die Bundesrechtsanwaltskammer geht von einer Verfassungswidrigkeit aus, siehe hierzu Bundesrechtsanwaltskammer, Stellungnahme Nr. 9/2017, Februar 2017, abrufbar unter: https://www.brak.de/zur-rechtspolitik/stellungnahmen-pdf/stellungnahmen-deutschland/2017/februar/stellungnahme-der-brak-2017-09.pdf; ebenso DeutscherAnwaltVerein, Stellungnahme des Deutschen Anwaltsvereins durch den Verfassungsrechtsausschuss, Februar 2017, abrufbar unter https://anwaltverein.de/de/newsroom/sn-16-17-verfassungsbeschwerde-des-herrn-h-s-a; so auch *Maierhöfer*, NVwZ 2015, 1655, 1657; zumindest Zweifel hat der Bund Deutscher Verwaltungsrichter und Verwaltungsrichterinnen, siehe hierzu Bund Deutscher Verwaltungsrichter und Verwaltungsrichterinnen, Stellungnahme im Verfahren 2 BvR 780/16, April 2017, abrufbar unter: http://www.bdvr.de/index.php/id-20162017-131.html. Das BVerfG hingegen geht von einer Verfassungsmäßigkeit aus, BVerfG, NJW 2018, 1935; Richterin *Hermanns* hat ein Sondervotum abgegeben. *Kronisch* geht ebenfalls nicht von einer Verfassungswidrigkeit aus, siehe hierzu *Kronisch*, DVBl 2016, 490, 493.

115 BT-Drs. 18/6185, S. 56.

116 *Tyczewski*, NWVBl. 2015, 370, 370; so ähnlich *Kemper*, NJ 2003, 393, 395.

Die Anzahl der Neuzugänge der erstinstanzlichen Hauptverfahren vor dem Verwaltungsgericht[117] variierten bundesweit zwischen 2010 und 2015 zwischen rund 124.000 und 151.000 Verfahren[118], wobei im Jahre 2016 (knapp 231.000 Verfahren) und 2017 eine deutliche Zunahme auf zuletzt rund 352.000 Neuzugänge (das sind 2015 gegenüber 2016 rund 60 %, 2016 gegenüber 2017 53 %) zu verzeichnen war. Dies liegt in der aktuellen Asylsituation begründet, betrachtet man speziell die Verfahrenszahlen der Neuzugänge in Asylkammern, die einen Anstieg von rund 50.000 Neuverfahren im Jahr 2015 auf 141.000 Verfahren, im Jahr 2016 und im Jahr 2017 sogar auf rund 260.000 Neuzugänge verzeichneten. Die allgemeine Geschäftsentwicklung der Länder zeigte deutliche Unterschiede in der Belastung mit neuen Verfahren in 2016. In Nordrhein-Westfalen, Bayern und Sachsen betrug der Zuwachs an Verfahren zwischen 60 und 71 %, Nordrhein-Westfalen verzeichnete im Jahr 2016 rund 62.000 Neuzugänge, Bayern etwa 30.000 Neuzugänge und Sachsen etwa 10.000 Neuzugänge. Hingegen belief sich der Zuwachs an Neuzugängen in Brandenburg und Mecklenburg-Vorpommern nur auf 15 bis 20 %; demnach hatte Brandenburg im Jahr 2016 etwa 10.000 Neuzugänge und Mecklenburg-Vorpommern etwa 5.000 Neuverfahren. In 2017 betrug die Zunahme an Neuzugängen in Brandenburg, Sachsen und Nordrhein-Westfalen zwischen 32 und 37 %, während es in Bayern sogar 91 % und in Mecklenburg-Vorpommern nur 17 % waren. Auch dies liegt durchweg an der Zunahme der Asylverfahren.

Gleichzeitig betrug die durchschnittliche Verfahrensdauer bei erstinstanzlichen Hauptverfahren vor dem Verwaltungsgericht 2017 im Bundesschnitt 8,6 Monate (Kammern insgesamt, ohne Asylkammern sind es 11,2 Monate). Bezogen auf die Verfahrensdauern der Kammern insgesamt ist dies die geringste Verfahrensdauer der letzten Jahre. Die im Gesamten reduzierte Verfahrensdauer mag damit zusammenhängen, dass bundesweit im Jahre 2016 mehr Richter bei den Verwaltungsgerichten tätig waren. Allerdings kann dieser Umstand angesichts einer Zunahme des bundeswei-

117 Folgende Angaben beziehen sich, soweit keine anderweitige Kennzeichnung erfolgt, auf erstinstanzliche Hauptverfahren vor dem Verwaltungsgericht.

118 Zu den folgenden Angaben siehe Statistisches Bundesamt, Verwaltungsgerichtsbarkeit, Fachserie 10, Reihe 2.4, 2017, erschienen 2018, S. 13 ff., 23 ff., 93 f., 101 f.; Statistisches Bundesamt, Verwaltungsgerichtsbarkeit, Fachserie 10, Reihe 2.4, 2016, erschienen 2017, S. 12 ff., 22 ff., 90 f., 98 f. sowie Statistisches Bundesamt, Verwaltungsgerichtsbarkeit, Fachserie 10, Reihe 2.4, 2015, erschienen 2016, S. 14 f., 24 ff., alle abrufbar unter: https://www.destatis.de/GPStatistik/receive/DESerie_serie_00000104. Die Zahlen für 2018 wurden noch nicht veröffentlicht.

ten Personals im richterlichen Dienst von lediglich acht Prozent[119] nur marginal sein. Blendet man hingegen die besondere Asylsituation aus (betrachtet gezielt nur die Kammern ohne Asylkammern), so ist bis auf eine Spitze im Jahr 2016 seit 2013 eher eine Zunahme der Verfahrensdauer erkennbar.

Die Verfahrensdauer in der Verwaltungsgerichtsbarkeit bewegt sich hinsichtlich der Verfahrensdauer anderer Gerichtsbarkeiten im Jahr 2017 bundesweit in einem Mittelfeld, diese liegt in Strafverfahren vor dem AG bei vier Monaten[120], in Zivilprozessen vor dem AG bei 4,9 Monaten (bei Erledigung mit streitigem Urteil 7,8 Monate)[121], bei den Finanzgerichten bei 13,6 Monaten[122] und den Sozialgerichten bei 15,1 Monaten.[123]

In 2017 kam Mecklenburg-Vorpommern auf eine durchschnittliche Verfahrensdauer von 13,6 Monaten (in 2016 noch 18,9 Monate; ohne Asylkammern 2017 20,3 Monate, in 2016 noch 25,4 Monate), Sachsen auf 12,1 Monate (in 2016 noch 17,5 Monate; ohne Asylkammern 2017 18,3 Monate, in 2016 noch 20,4 Monate) und Brandenburg immerhin auf 13,2 Monate (in 2016 noch 13,4 Monate, beachte in 2015 sogar 22,8 Monate; ohne Asylkammern 2017 18,6 Monate, in 2016 15,2 Monate). Nord-

---

119 In 2015 waren rund 1.460 Personen im richterlichen Dienst in der Verwaltungsgerichtsbarkeit beschäftigt, in 2016 hingegen etwa 1.579 Personen, die acht Prozent beziehen demnach auch Richter an Oberverwaltungsgerichten mit ein, siehe hierzu Bundesamt für Justiz, Personalbestand der Verwaltungsgerichtsbarkeit (Stand: 29. August 2017), abrufbar unter: https://www.bundesjustizamt.de/DE/SharedDocs/Publikationen/Justizstatistik/Personalbestand_VG.pdf?__blob=publicationFile; neue Angaben sind auf der Homepage des Bundesamtes für Justiz nicht abrufbar.

120 Statistisches Bundesamt, Strafgerichte, Fachserie 10, Reihe 2.3, 2017, erschienen 2018, S. 40, abrufbar unter: https://www.destatis.de/DE/Themen/Staat/Justiz-Rechtspflege/_inhalt.html#sprg235918. Erstinstanzliche Verfahren vor dem LG dauern durchschnittlich 7,7 Monate, siehe ebd., S. 78. Die Zahlen für 2018 wurden noch nicht veröffentlicht.

121 Anders als die Statistik der Verwaltungsgerichtsbarkeit differenziert diese Statistik nicht zwischen einstweiligen Rechtsschutz und Hauptverfahren; vor dem LG beträgt in erstinstanzlichen Verfahren die durchschnittliche Verfahrensdauer 10 Monate (bei streitigen Urteilen 15,6 Monate), siehe zu den Angaben Statistisches Bundesamt, Zivilgerichte, Fachserie 10, Reihe 2.1, 2017, erschienen 2018 (o. Fn. 120), S. 26, 56. Die Zahlen für 2018 wurden noch nicht veröffentlicht.

122 Statistisches Bundesamt, Finanzgerichte, Fachserie 10, Reihe 2.5, 2017, erschienen 2018 (o. Fn. 120), S. 18. Die Zahlen für 2018 wurden noch nicht veröffentlicht.

123 Statistisches Bundesamt, Sozialgerichte, Fachserie 10, Reihe 2.7, 2017, erschienen 2018 (o. Fn. 120), S. 24. Die Zahlen für 2018 wurden noch nicht veröffentlicht.

rhein-Westfalens durchschnittliche Verfahrensdauer betrug 8,1 Monate (in 2016 noch 7,8 Monate; ohne Asylkammern 2017 9,9 Monate, in 2016 9,7 Monate), Bayerns nur 6,9 Monate (in 2016 noch 6,5 Monate; ohne Asylkammern 2017 8,6 Monate, in 2016 7,9 Monate), während Rheinland-Pfalz als absoluter Spitzenreiter eine durchschnittliche Verfahrensdauer von 6,1 Monaten (in 2016 noch 3,6 Monate; ohne Asylkammern 2017 5,7 Monate, in 2016 6,2 Monate) aufwies. Gemessen an der Anzahl der Neuzugänge bei den Hauptverfahren wiesen die betrachteten Bundesländer (bis auf Nordrhein-Westfalen bei der Betrachtung ohne Asylkammern) keine erhöhte Prozessvergleichsquote auf. Dabei zeigt sich gerade in Mecklenburg-Vorpommern mit 28 %[124] und Sachsen mit 14 %[125] ein im Vergleich zum Bundesdurchschnitt erhöhter Zuwachs an Richtern bei den Verwaltungsgerichten, in Brandenburg hingegen liegt der Anstieg bei 6 %.[126] Dies führte zwar zu einer Abnahme der Verfahrensdauer (Kammern insgesamt), im Vergleich zu anderen Bundesländern ist die durchschnittliche Verfahrensdauer dennoch gleichbleibend erschreckend.

Erschreckender als die durchschnittliche Verfahrensdauer (z. B. in Brandenburg, Sachsen und Mecklenburg-Vorpommern mit einem Durchschnitt von 13 Monaten) ist hingegen die Erledigung der Fälle verteilt auf einzelne Zeitabschnitte. Zwar wurden im Bundesdurchschnitt gut 47 % der Verfahren in 2017 innerhalb der ersten sechs Monate erledigt (ohne Asylkammern fast 41 %), allerdings dauerten rund 22 % der Verfahren mehr als ein Jahr (ohne Asylkammern waren es fast 36 %). Während in Bayern etwa 15 % der Verfahren mehr als ein Jahr benötigten (ohne Asylkammern rund 27 %), sind es in Brandenburg gut 39 % (ohne Asylkammern rund 58 %), in Mecklenburg-Vorpommern gut 37 % (ohne Asylkammern gut 58 %) und in Sachsen ca. 33 % (ohne Asylkammern gut 54 %).[127] Zudem benötigten in Brandenburg etwa 19 % der Verfahren mehr als zwei Jahre (ohne Asylkammern fast 32 %), in Mecklenburg-Vorpommern fast 18 % (ohne Asylkammern gut 33 %) und in Sachsen gut 13 % (beachte in

---

124 LT-Drs. 7/366, S. 2, zu berücksichtigen ist, dass hierbei auch die Richter am Oberverwaltungsgericht mit einbezogen sind.

125 Staatsministerium der Justiz, Antwort auf die kleine Anfrage LT-Drs. 6/8085 vom 13. Februar 2017, Anlage zu Frage 2; Stichtag war hierbei der 30. September 2016, abrufbar unter: https://s3.kleine-anfragen.de/ka-prod/sn/6/8085.pdf.

126 Oberverwaltungsgericht Berlin-Brandenburg, Pressemitteilung vom 27. März 2017, abrufbar unter: https://www.berlin.de/gerichte/oberverwaltungsgericht/pressse/pressemitteilungen/2017/pressemitteilung.576570.php.

127 Für das Jahr 2016 lässt sich der Statistik tendenziell entnehmen, dass die neuen Bundesländer eine höhere durchschnittliche Verfahrensdauer aufweisen als die alten Bundesländer, dies bestätigt sich jedoch in einem Vergleich zu 2017 nicht.

2016 sogar fast 44 %; ohne Asylkammern in 2017 mehr als 30 %). Angesichts dieser Zahlen kann auch ohne Kenntnis der Einzelumstände von einer Gefährdung des effektiven Rechtsschutzgebotes ausgegangen werden. Gerade für Brandenburg decken sich die Erkenntnisse mit dem Erfahrungsbericht des Bundestages zum ÜberlVfRSchG.

Bei den Oberverwaltungsgerichten als Rechtsmittelinstanz zeichnete sich zwischen 2014 und 2016 eine Zunahme an Neuzugängen (Hauptverfahren) auf zuletzt etwa 21.000 Verfahren ab, bei Abnahme der durchschnittlichen Verfahrensdauer auf 7,8 Monate (ohne Asylsenate 11,1 Monate), bzw. 23,1 Monate ab Eingang bei der ersten Instanz (ohne Asylsenate 31,6 Monate). Rund 77 % der Verfahren wurden innerhalb von einem Jahr (ab Eingang in der Rechtsmittelinstanz) erledigt (fast 64 % ohne Asylsenate). Auch das Bundesverwaltungsgericht weist seit 2014 wieder eine Zunahme an Neuzugängen (gesamte Neuzugänge) auf, im Jahr 2016 betrug die Anzahl rund 1.600 Verfahren, in 2017 nahmen die Verfahrenseingänge jedoch wieder ab auf 1.459 und in 2018 auf 1.344 Eingänge. Dabei wurden 2016 1.664 Verfahren erledigt, 2017 1.407 und 2018 1.441. Die durchschnittliche Verfahrensdauer belief sich dabei im Jahr 2016 auf 11,9 Monate, in 2017 auf 12,3 Monate und 2018 auf 14,5 Monate.[128]

Die subjektiv empfundene Zunahme der Verfahrensdauer lässt sich anhand der Statistik nur zum Teil bestätigen. Dabei darf jedoch nicht unberücksichtigt bleiben, dass es sich allein um Mittelwerte handelt, die auch dadurch beeinflusst werden, dass Klagen/Rechtsmittel erhoben, gleichwohl nach einer weiteren Prüfung zurückgenommen werden und so als auffallend kurze Verfahrensdauer den statistischen Mittelwert senken.[129] Generell ist eine bundesweite Zunahme der Verfahrensdauer erkennbar, wenn man die besondere Flüchtlingssituation ausklammert. Zwar können die Asylkammern für diese Betrachtung nicht strikt ausgegliedert werden, da die aktuelle Flüchtlingssituation auch Einfluss auf den Geschäftsverteilungsplan haben kann, dennoch kann man der Statistik eine weitergehende Tendenz entnehmen.

Betrachtet man die statistischen Angaben zur Verfahrensdauer zeigt sich aber, dass die erhoffte präventive Wirkung potenzieller Entschädigungsklagen nicht zu einer wesentlichen Änderung der einzelnen Verfahrensdauer

128 Der Präsident des Bundesverwaltungsgerichts, Jahresbericht 2018, erschienen 2019, S. 14, abrufbar unter: https://www.bverwg.de/medien/pdf/jahresbericht_2018.pdf.

129 *Tyczewski*, NWVBl. 2015, 370.

in der Verwaltungsgerichtsbarkeit führte.[130] Dies ist insofern einleuchtend, da die überlangen Verfahrensdauern auch mit der personellen und sachlichen Ausstattung zusammenhängen, den Gerichten also schon aus verfahrensexternen Gründen eine zeitgerechte Entscheidung erschwert wird.

Wenn auch die derzeitige Verfahrensdauer durch die Rechtsprechung nur vereinzelt als mit dem effektiven Rechtsschutzgebot für nicht vereinbar erklärt wird[131], geben die statistischen Erhebungen erheblichen Anlass zur Kritik. In Literatur und Rechtsprechung wird betont, dass statistische Werte für die Beurteilung der Angemessenheit der Verfahrensdauer aus verschiedentlichen Gründen nicht herangezogen werden sollten, sei es die fehlende Berücksichtigung von Ursachen außerhalb der Sphäre des Gerichts oder die Vielschichtigkeit der verwaltungsrechtlichen Materien.[132] Hier resultiert der Hinweis auf die geringe Aussagekraft statistischer Werte aber auch daraus, das derzeit tatsächlich bestehende Problem der überlangen Verfahrensdauer nicht zu einem solchen in der breiten öffentlichen Diskussion werden zu lassen. Schließlich geht mit langen Verfahren auch immer ein „Ansehensverlust“ des Rechtsstaats einher.[133] Dennoch muss die Statistik als erster Anhaltspunkt berücksichtigt werden, ihr kommt zumindest ein indizieller Charakter zu, wenn sich die Frage eines strukturellen Problems in der deutschen Verwaltungsgerichtsbarkeit stellt. In Anbetracht der hohen Anzahl der Verfahren, die vor dem Verwaltungsgericht nicht unter zwölf Monaten entschieden werden, müssen auch angesichts pauschaler Zahlen zumindest erhebliche Bedenken aufkommen. Betrachtet man gezielt die einzelnen Bundesländer, sieht dies mitunter noch verheerender aus, richtet man seinen Blick auf Brandenburg, Mecklenburg-Vorpommern und Sachsen. Auch wenn mehr als jeder fünfte Kläger im Bundesdurchschnitt länger als ein Jahr auf eine gerichtliche Entscheidung

130 Die statistischen Verfahrensdauern können auch hier nur als Anhaltspunkt für die Beurteilung einer überlangen Verfahrensdauer herangezogen werden, eine Einzelfallentscheidung ist unabdingbar. Siehe zu den Verfahrensdauern Statistisches Bundesamt, Verwaltungsgerichtsbarkeit, Fachserie 10, Reihe 2.4, 2017, erschienen 2018 (o. Fn. 118), S. 23 f. Aussagen über die konkret-präventive Wirkung der Verzögerungsrügen sind mangels veröffentlichten Zahlenmaterials nicht möglich. Aus der unterlassenen Entschädigungsklage können jedoch nicht zwangsläufig Rückschlüsse gezogen werden, kann dies u. a. auch mit dem Kostenrisiko zusammenhängen.

131 Vgl. insbes. die Ausführungen im Rahmen des Erfahrungsberichtes BT-Drs. 18/2950, S. 18 f.

132 BVerwG, NJW 2014, 96, 100; *Schmidt-Aßmann*, in: Maunz/Dürig, Grundgesetz, September 2017, Art. 19 GG Rn. 262 f.

133 *Kemper*, NJ 2003, 393.

in der ersten Instanz warten muss (ohne Asylkammern fast 36 %), übersteigt dies die pauschale Annahme von einem Jahr je Instanz, die der EGMR anführt. Geht das Verfahren durch die zweite Instanz, muss mehr als jeder dritte Kläger über 24 Monate für den Instanzenzug (ohne Asylsenate fast 59 %) einrechnen.[134] Währenddessen ist er nicht zu unterschätzenden psychischen, aber auch kostenrechtlichen Belastungen ausgesetzt, ganz zu schweigen von den drohenden und über dem Kläger schwebenden Folgen eines Misserfolges der Klage oder der negativen Folgen der Rechtslage bis zur Entscheidung des Gerichts.[135] Angesichts der deutlichen Zahlenwerte kann der Hinweis auf die außerhalb der Sphäre des Gerichts liegenden, die Verfahrensdauer beeinflussenden Gründe, die das BVerfG für die Beurteilung einer angemessenen Verfahrensdauer heranzieht, nicht verfangen. Obgleich dieser Hinweis in seinem Grundsatz überzeugt, kann nicht in vielen Fällen, in denen z. B. das Verfahren länger als ein Jahr dauert, die Komplexität des Verfahrens oder das Verhalten der Verfahrensbeteiligten als Begründung herangezogen werden. Dann müsste man etwa für Rheinland-Pfalz (durchschnittliche Verfahrensdauer betrug 2017 6,1 Monate) annehmen, dass dort rechtlich und tatsächlich nur einfache Prozesse geführt werden, an denen allein Parteien mit einem beispielhaften Verhalten teilnehmen. Gleichzeitig darf die Forderung einer kürzeren Verfahrensdauer nicht um jeden Preis erfolgen, steht sie doch in einem Spannungsverhältnis mit weiteren Gewährleistungen des effektiven Rechtsschutzgebotes, wie etwa der umfassenden Sachverhaltsermittlung oder damit im Zusammenhang stehenden Rechten, wie z. B. dem Anspruch auf rechtliches Gehör gemäß Art. 103 Abs. 1 GG.

Aus der Statistik und der zuletzt festzustellenden Abnahme der durchschnittlichen Verfahrensdauer kann auch nicht geschlossen werden, dass sich das Problem in den nächsten Jahren durch eine weitere Abnahme der Verfahrensdauer von selbst erledigt. Denn die Jahre davor weisen eine Zunahme der Verfahrensdauer auf, außerdem schwanken die Veränderungen

---

134 Statistisches Bundesamt, Verwaltungsgerichtsbarkeit, Fachserie 10, Reihe 2.4, 2017, erschienen 2018 (o. Fn. 118), S. 102.

135 *Klose* nennt als Konstellationen z. B. das Prüfungsrecht und den Entzug der Fahrerlaubnis, vgl. *Klose*, NJ 2004, 241, 245; *Redeker* führt pauschal wirtschaftlich nicht tragbare Situationen an, wenn die Verfahrensdauer sich über mehrere Jahre zieht, vgl. *Redeker*, NJW 2003, 2956, 2958. Siehe zu den Auswirkungen auch *Steger*, Überlange Verfahrensdauer bei öffentlich-rechtlichen Streitigkeiten vor deutschen und europäischen Gerichten, 2008, S. 50 ff.

seit 2010 zwischen 1,2 und lediglich 0,1 Monaten.[136] Zwar ist für das Jahr 2019 mit einem weiteren Anstieg der Asylverfahren im Vergleich zu 2017 nicht zu rechnen, allerdings ist die Anzahl der anhängigen Verfahren am Jahresende im Vergleich von 2017 zu 2018 um 56 % erhöht. Die bisher gestiegenen Fallzahlen konnten somit nicht mehr von den Verwaltungsgerichten aufgefangen werden. Bereits jetzt wird die personelle Ausstattung an Gerichten als defizitär angesehen.[137] Zudem ist eine hohe Pensionierungswelle in den nächsten Jahren zu erwarten, sodass erfahrene Richter der Justiz nicht zur Verfügung stehen; in den neuen Bundesländern werden zwei von drei Kollegen (gesamt betrachtet: Richter und Staatsanwälte) pensioniert.[138] Hieran zeigt sich deutlich, dass die äußeren Umstände einer Verfahrensdauer, losgelöst vom konkreten Verfahren, variieren, der Bundes- und Landesgesetzgeber sich nicht allein auf die großzügige Rechtsprechung verlassen kann und Reformvorschläge in Angriff nehmen, ebenso wie eine bestehende Personal- und Sachausstattung überdenken sollte. Insbesondere eine angemessene Personalausstattung wurde in der Vergangenheit mitunter als einzige Lösung gesehen.[139] In Zeiten der Einsparungen lässt sich eine Justiz aber leichter an den Haushaltsmitteln messen als an der fachlichen Qualität, über die sie verfügt bzw. verfügen sollte.[140] Zudem sind verlorene Entschädigungsklagen sowie Verfassungsbeschwerden erst einmal billiger als die Einrichtung neuer Richterstellen.[141] Dies kehrt sich jedoch um, betrachtet man den steigenden Ansehensverlust der Gerichtsbarkeit im Rechtsstaat.[142] *Voßkuhle* gibt dabei zu bedenken, dass *„jede Inves-*

---

136 Statistisches Bundesamt, Verwaltungsgerichtsbarkeit Fachserie 10, Reihe 2.4, 2017, erschienen 2018 (o. Fn. 118), S. 23 f.

137 *Voßkuhle*, NJW 2018, 3154, 3157.

138 Deutscher Richterbund, Die personelle Zukunftsfähigkeit der Justiz in der Bundesrepublik Deutschland, Positionspapier, 2017, S. 7 ff., abrufbar unter: http://www.drb.de/fileadmin/pdf/Publikationen/DRB-Positionspapier_Nachwuchsgewinnung_kl.pdf. Zu beachten ist, dass bei dem Positionspapier allgemein von Richtern und Staatsanwälten gesprochen wird. Aus dem Positionspapier ist zudem die gesunkene Anzahl geeigneter Bewerber in den letzten Jahren ersichtlich, S. 12 f. Siehe zudem Beck-Aktuell, Pressemitteilung vom 1. Februar 2019, abrufbar unter: https://rsw.beck.de/aktuell/meldung/pakt-fuer-den-rechtsstaat-kommt-mehr-stellen-fuer-richter-und-staatsanwaelte.

139 Im Ergebnis: *Ziekow*, DÖV 1998, 941, 951.

140 *Gnisa*, Das Ende der Gerechtigkeit, 2017, S. 274.

141 Siehe hierzu *Kemper*, NJ 2003, 396, der aber nur Verfassungsbeschwerden erwähnt.

142 *Scheffer* wirft zumindest die Frage auf und erhofft ein Umdenken beim Staat, siehe hierzu *Scheffer*, NJ 2010, 265, 271; zum Ansehensverlust siehe *Kemper*, NJ

tition in den Rechtsstaat […] auch eine Investition in die Demokratie [ist]!".[143] Dass die Erkenntnis der Überlastung der Gerichte bereits beim Bürger angekommen ist, zeigt eine aktuelle Allensbach-Umfrage, die ergab, dass vier von fünf Bürgern überlastete Gerichte beklagen.[144] So monieren weiterhin 88 % der Befragten eine überlange Verfahrensdauer.[145]

Neben einem solchen Ansehens- und auch Vertrauensverlust sind noch viel praktischere Folgen zu verzeichnen, etwa ein spürbarer Zwang zur Kooperation zwischen den Bürgern und den Behörden, freilich in Abhängigkeit von Teilbereichen des öffentlichen Rechts. Dies bewirkt nicht nur eine Kooperation in einem Gerichtsverfahren im Sinne eines Vergleiches, auch im Verwaltungsverfahren verpflichtet es hierzu, ist es doch im Interesse des Einzelnen, möglichst zeitnah seine Interessen durchzusetzen.[146] Unter dem Aspekt des Rechtsfriedens mag dies eine wünschenswerte Situation sein, mit Blick auf die Durchsetzung des materiellen Rechts ist es doch aber äußerst fraglich. Gerade unter dem Aspekt eines effektiven Rechtsschutzes kann es nicht gewollt sein, dass lange Verfahren in eine übermäßige Kooperation zwingen. Eine weitere praktische Folge ist auch, dass die Frage der Verfahrensdauer Einfluss auf die Entscheidung hat, überhaupt gerichtlich vorzugehen, sei es z. B. aus wirtschaftlichen Gesichtspunkten.[147] Wenngleich die Frage des „Ob" eines gerichtlichen Vorgehens eine grund-

---

2003, 393; *Dombert*, SächsVBl. 1995, 75; zum Ansehensverlust infolge von Ökonomisierungen, siehe *Gnisa* (o. Fn. 140).

143 *Voßkuhle*, NJW 2018, 3159. Zur Erklärung führt er aus, dass die Gefahr besteht, dass Menschen, die dem Rechtsstaat misstrauen populistischen Strömungen eher Glauben schenken würden, siehe ebd. In diese Richtung zielt auch *Limperg*, wenn sie alarmiert zu bedenken gibt, dass „*eine Krise des Rechtsstaates immer auch einhergeht mit einer Krise der Demokratie und beides Gift für die Wurzeln unserer gesellschaftlichen Ordnung ist*", siehe Beck-Aktuell, Pressemitteilung vom 8. April 2019, abrufbar unter: https://rsw.beck.de/aktuell/meldung/bgh-praesidentin-mahnt-staerkung-des-rechtsstaates-und-vor-allem-der-justiz-an.

144 Beck-Aktuell, Pressemitteilung vom 14. Januar 2019, abrufbar unter: https://rsw.beck.de/aktuell/meldung/umfrage-vier-von-fuenf-buergern-beklagen-ueberlastete-gerichte.

145 Beck-Aktuell, siehe o. Fn. 144.

146 *Dombert*, SächsVBl. 1995, 75, er spricht sogar von einer Unterwerfung des Bürgers. Auch *Redeker* sieht die Gefahr von Kompromissen in Verwaltungsverfahren, erkennt sogar eine Instrumentalisierung der Verfahrensdauer durch die Behörden, siehe hierzu *Redeker*, NJW 2003, 2958. Relativiert wird dieser Ansatzpunkt bei Ermessens- und Beurteilungsspielräumen, bei denen bereits im Verwaltungsverfahren eine Kooperation zur Maximierung der Durchsetzung der eigenen Interessen erfolgt, siehe dazu *Dombert*, a. a. O., 75 f.

147 *Tyczewski*, NWVBl. 2015, 370; *Redeker*, NJW 2003, 2958.

sätzliche Entscheidung des Einzelnen ist, die zunächst die Gewährleistung eines effektiven Rechtsschutzgebotes nicht berührt, ein Zugang zu den Gerichten ja gerade offen steht, wird es dem Existenzgrund von Art. 19 Abs. 4 S. 1 GG, der *„Selbstherrlichkeit der Verwaltung“*[148] entgegenzutreten, aber gerade nicht gerecht. Außerdem kann auch die deutliche Zunahme der Verfahrenszahlen bei nicht entsprechend erhöhter Personalausstattung zu einem ungewollten Druck des Richters führen, Effizienz- und auch Wirtschaftlichkeitsüberlegungen in seine Rechtsprechung einzubeziehen.[149] Dies führt zwangsläufig zu Qualitätseinbußen.

Der Bundes- und Landesgesetzgeber muss daher, wie bereits ausgeführt, die von der Praxis vielfältig diskutierten Reformvorschläge gerade in Hinblick auf eine Entlastung der Gerichte zum Anlass nehmen, sich mit diesen auseinanderzusetzen und in konkreten Gesetzesentwürfen umzusetzen, dabei aber verfassungswidrige Schnellschüsse vermeiden. Außerdem hat er auf die mittlerweile stärker diskutierte Personaldebatte zu reagieren, dem er partiell nachkommt. Nicht grundlos spricht *Limperg*, im Zusammenhang der gelichteten Strukturen der Justiz auch von einem *„Erschöpfungssyndrom“*.[150] Hinsichtlich der Personaldebatte wurde der, bereits im Koalitionsvertrag zwischen CDU, CSU und SPD vorgesehene „Pakt für den Rechtsstaat“ umgesetzt, der u. a. auch die Schaffung 2.000 neuer Stellen für Richter bei den Gerichten der Länder und des Bundes sowie für entsprechendes Folgepersonal, aber auch die Prüfung möglicher Gesetzesänderungen zur zügigeren Durchführung gerichtlicher Asylverfahren beinhaltet.[151] Angesichts der derzeit herrschenden Situation wäre eine Umsetzung dieser Pläne, wenn auch in ihrer Gänze nicht ausreichend, zumindest als ein Anfang wünschenswert. Die Verwirklichung dieses Paktes

---

148 BVerfG, NJW 1960, 331, 331; BVerfG, NJW 1964, 314, 314; BVerfG, NJW 1973, 1491, 1493.

149 *Pitschas*, ZRP 1998, 97. Nach *Wittreck* sind Erledigungszahlen in der Praxis ein bedeutendes Kriterium bei der Beurteilung der richterlichen Effizienz, siehe *Wittreck*, Die Verwaltung der Dritten Gewalt, 2006, S. 203 f.

150 Beck-Aktuell, siehe o. Fn. 143.

151 Koalitionsvertrag zwischen CDU, CSU und SPD, 19. Legislaturperiode, S. 123, 125, abrufbar unter: https://www.spdfraktion.de/system/files/documents/koalitionsvertrag_2018-2021_bund.pdf. Zur Umsetzung des Paktes für den Rechtsstaat gehören sieben Maßnahmen: Personalaufbau, Digitalisierung, Beschleunigung von Gerichtsverfahren, Opferschutz, Qualitätssicherung in der Rechtspflege, Öffentlichkeitsarbeit und eine Offensive für den Rechtsstaat, LTO, Vorschlag zum Pakt für den Rechtsstaat: Bund bietet Ländern 220 Millionen Euro für die Justiz, abrufbar unter: https://www.lto.de/recht/justiz/j/pakt-fuer-den-rechtsstaat-beschlussvorlage-bund-kanzlerin-merkel-220-millionen.

stand vor weitgehenden Schwierigkeiten. Die Justiz ist Ländersache, daher bestehen erhebliche Unterschiede nicht nur in der Personalausstattung, sondern auch im Gehaltsgefüge.[152] Die Kosten werden hierfür auf etwa 400 Millionen EUR geschätzt, von denen die Bundesregierung 220 Millionen EUR zur Verfügung stellt.[153] *Gnisa* spricht von dem Pakt als ein Zeichen für die Bürger, ein Zeichen in der Hinsicht, dass die Justiz in der Lage sei, Gesetze anzuwenden und durchzusetzen, er will in diesem Zusammenhang eine *„Trendwende"* erkennen.[154] Der DGB sieht darin sogar einen *„Meilenstein auf dem Weg zu einer zukunftsfesten Justiz"*.[155] Es bestand mit dem Scheitern des Paktes insbesondere die Gefahr, dass dies nicht nur zu einem weitergehenden Vertrauensverlust in die Politik geführt hätte[156], sondern auch nachhaltig in den Rechtsstaat. Des Weiteren stellt sich aber die Frage, wie überhaupt geeignetes Personal gefunden werden kann. Für zeitgerechte Entscheidungen kommt es nicht allein darauf an, mehr Personal einzustellen. Es muss auch das „richtige" (qualifizierte) Personal eingestellt werden. Denn *Limperg* erkennt *„der frühere Traumberuf der Richterin steht nicht mehr automatisch an der ersten Stelle. Die Auflösung des Kammerprinzips, die hohen Einzelrichterquoten selbst bei den OLGs, die vielen schriftlichen Verfahrensmöglichkeiten zur Vermeidung der mündlichen Verhandlung, unzureichende Spezialisierung: All das sind keine Joker bei der Berufswahl."*[157] Sie gibt weiterhin *„eine über die Jahre eingetretene Ernüchterung [... zu bedenken], die auch mit als mangelhaft empfundener Wertschätzung durch Haushaltsgesetzgeber, Gesetzgeber der Sachmaterien und einer Gesellschaft zu tun hat, die nicht mehr von selbst Respekt und Anerkennung für den Berufsstand der Richter und Staatsanwälte mitbringt."*[158] Auch dies wirkt nicht gerade anziehend für angehende Juristen. *Voßkuhle* sieht dabei gerade die Besoldung, die eben nicht allein mit Blick auf die Untergrenze dessen, was die Verfassung vorgibt, festgelegt werden sollte, als Notwendigkeit für eine qualitativ hochwertige Justiz.[159]

152 *Voßkuhle*, NJW 2018, 3157.

153 Beck-Aktuell, siehe o. Fn. 138.

154 Beck-Aktuell, siehe o. Fn. 143 und Beck-Aktuell, siehe o. Fn. 138.

155 Beck-Aktuell, siehe o. Fn. 138.

156 DRiZ 2018, 370, 373.

157 *Limperg*, NJW-Editorial Heft 34/2018, 3.

158 A. a. O.

159 *Voßkuhle*, NJW 2018, 3158. Er erkennt aber gleichermaßen die besondere Schwierigkeit über Besoldungsfragen in der Öffentlichkeit zu diskutieren. Vielfach resultiert dies in einer *„allgemeinen Beamtenschelte"* angesichts der Privilegien des Berufsbeamtentums, siehe ebd.

Danach ist als Resümee festzuhalten, dass die Verfahrensdauer in Verwaltungsstreitverfahren deutlich zu lang ist, um diese mit dem Gebot eines effektiven Rechtsschutzes in Einklang zu bringen. Dies führt zu einer Vielzahl ungewollter Folgen, etwa einer zunehmenden Kooperation, die dem Existenzgrund des Art. 19 Abs. 4 S. 1 GG – der *„Selbstherrlichkeit der Verwaltung“* – nicht gerecht wird. Zudem ist wiederum der Ansehensverlust des Rechtsstaats hervorzuheben.

Wenn angesichts der langen Verfahrensdauer in Verwaltungsstreitigkeiten aktuell keine größere Welle der Empörung entbrennt, liegt das wahrscheinlich daran, dass man sich, wie *Ziekow* bereits 1998 formulierte, an die Verfahrensdauer von Verwaltungsverfahren gewöhnt hat[160] und Rechtsprechung[161] wie Bundesregierung äußerst gelassen mit dem Thema umgehen. Denn die Bundesregierung geht derzeit, trotz der mitunter eklatant langen Verfahrensdauern, von einer zügigen Verfahrensbearbeitung in der deutschen Gerichtsbarkeit aus.[162]

3. *Verfahrensdauer in der Verfassungsgerichtsbarkeit*

Das BVerfG, das das effektive Rechtsschutzgebot durch seine Rechtsprechung wesentlich geprägt hat, wird gerade dem zeitlichen Aspekt aber mitunter selbst nicht gerecht. Es wies 2017 und 2018 je rund 6.000 Verfahrenseingänge auf, dies stellt nur eine minimale Zunahme an Verfahren gegenüber 2015 und 2016 dar.[163] Die deutliche Mehrheit der Verfahrenseingänge hatten Verfassungsbeschwerden zum Gegenstand. Nicht ganz 5.700 Verfahren wurden 2017 erledigt bzw. 6.200 in 2018, in 2016 wurden noch rund 6.200 Verfahren und damit geringfügig mehr als 2015 erledigt. Die Rückstände aus den Vorjahren beliefen sich auf etwa 3.900 in 2015, 3.600 in 2016, ca. 3.200 in 2017 und 3.500 in 2018. Dabei wurden knapp 63 % der Verfassungsbeschwerden, betrachtet man die Eingangsjahre 2009

160 *Ziekow*, JZ 1998, 947, 947.

161 Z. B. waren laut Erfahrungsbericht zum ÜberlVfRSchG nur etwa 58 % der Entschädigungsklagen in der Verwaltungsgerichtsbarkeit im Berichtszeitraum erfolgreich, siehe hierzu BT-Drs. 18/2950, S. 18.

162 BT-Drs. 19/1904, S. 2.

163 Siehe hierzu und den folgenden Angaben Bundesverfassungsgericht, Jahresstatistik 2018, erschienen 2019, S. 9, 6 ff., 13, 17 f., 22; Bundesverfassungsgericht, Jahresstatistik 2017, erschienen 2018, S. 4, 6 ff., 13, 17, 22 sowie Bundesverfassungsgericht, Jahresstatistik 2016, erschienen 2017, 17, alle abrufbar unter: http://www.bundesverfassungsgericht.de/DE/Verfahren/Jahresstatistiken/jahresstatistiken_node.html.

bis 2018 insgesamt, innerhalb von einem Jahr, rund 24 % innerhalb von zwei Jahren, rund 6 % innerhalb von drei Jahren und etwa 2,5 % in mehr als vier Jahren bearbeitet, etwa 5 % der Verfahren blieben anhängig.[164] Auch hier sind demnach lange Verfahrensdauern offensichtlich, wenn etwas mehr als ein Drittel der Verfahren mehr als ein Jahr beim BVerfG bearbeitet werden. Fordert man auch hier mehr Personal, ist zu berücksichtigen, dass gesetzlich festgelegt ist, dass das BVerfG gemäß § 2 Abs. 1, 2 BVerfGG[165] aus zwei Senaten zu je acht Richtern besteht. Entsprechende Forderungen setzen daher beim nicht richterlichen Personal an bzw. bedürfen zunächst einer Gesetzesänderung. Eine Erhöhung des richterlichen Personals muss aber mit der Sicherung einer einheitlichen Rechtsprechung in Einklang stehen.

Werden Verfahrensdauern von mehr als einem Jahr kritisiert, ist zudem zu beachten, dass eine Verfahrensdauer von einem Jahr in jedem Fall angemessen ist – so sieht es zumindest das Gesetz und das BVerfG selbst.[166] Das BVerfGG enthält, durch das ÜberlVfRSchG eingeführt, eine gesetzlich festgelegte, starre Untergrenze, denn gemäß § 97b Abs. 1 S. 4 BVerfGG kann die Dauer des Verfahrens frühestens zwölf Monate nach Eingang des Verfahrens beim BVerfG gerügt werden (Verzögerungsrüge).[167] Dies soll, in der Gänze aber nur teilweise nachvollziehbar, mit den besonderen Aufgaben und der entsprechenden Stellung des BVerfG begründet sein. Zu diesen Spezifika zählen vor allem der Auftrag der Auslegung der Verfassung und die Wirkung der Entscheidung über den Einzelfall hinaus. Als „Hüter der Verfassung" ist häufig eine vom Eingangszeitpunkt abweichende Bearbeitungsreihenfolge der Verfahren notwendig.[168] Es ist fraglich, ob das Abwarten des Zeitraumes, so „absolut", wie es kommuniziert wird, in jedem Fall angemessen ist. Kritisch ist dies bei Verfahren, die z. B. Anträge auf Erlass einstweiliger Anordnungen gemäß § 32 BVerfGG zum Gegenstand ha-

---

164 Bundesverfassungsgericht, Jahresstatistik 2018, a. a. O., S. 22.

165 Gesetz über das Bundesverfassungsgericht, i. d. F. der Bekanntmachung vom 11. August 1993, BGBl. I S. 1473, zuletzt geändert durch das Gesetz vom 8. Oktober 2017, BGBl. I S. 3546.

166 BVerfG, BeckRS 2016, 42067; BVerfG, BeckRS 2018, 5077.

167 In Verwaltungsstreitverfahren kann eine Verzögerungsrüge gemäß § 173 S. 2 VwGO i. V. m. § 198 Abs. 3 S. 2 GVG erst erhoben werden, wenn Anlass zur Besorgnis besteht, dass das Verfahren nicht in einer angemessenen Zeit abgeschlossen wird.

168 BT-Drs. 17/3802, S. 26 f. Ein Abweichen von der Bearbeitungsreihenfolge (nach Eingangszeitpunkt des Verfahrens) kann z. B. bei Zusammenfassung von Parallelverfahren oder der Auswahl eines Pilotverfahrens sinnvoll sein, siehe hierzu BT-Drs. 17/3802, S. 26; BVerfG, BeckRS 2018, 5077.

ben. Die Frist kann hier auch nicht mit den organisatorischen und verfahrensmäßigen Besonderheiten begründet werden.[169] Im Jahr 2017 gab es 161 entsprechende Verfahren vor dem BVerfG, in 2018 waren es 213 Verfahren.[170] Die gesetzlich festgelegte Untergrenze ist in diesen Fällen auch nicht mit § 97a Abs. 1 S. 2 BVerfGG vereinbar, schließlich hat die Angemessenheit der Verfahrensdauer, entsprechend der Maßgaben des BVerfG und EGMR, anhand des konkreten Einzelfalles zu erfolgen (bei der auch die Aufgaben sowie die Stellung des BVerfG zu berücksichtigen sind). Dabei ist allein das Verfahren vor dem BVerfG zu beurteilen, Verfahrensdauern der Instanzgerichte werden entsprechend des Subsidiaritätsgrundsatzes nicht berücksichtigt.[171] Kritisch sind diese Fälle ebenfalls in Hinblick auf das effektive Rechtsschutzgebot zu beurteilen, betont das BVerfG doch selbst, dass dem Grundgesetz keine starren Zeitenregelungen zu entnehmen sind.[172] Die Festlegung eines in jedem Fall abzuwartenden Zeitraumes entspricht zudem nicht dem gesetzgeberischen Ziel einer präventiven Ausgestaltung der Entschädigungsvorschriften.

Nach einer Verzögerungsrüge kann gemäß § 97b Abs. 2 S. 1 BVerfGG eine Verzögerungsbeschwerde erfolgen. Während es in 2015 noch drei Verzögerungsbeschwerden gab, nahmen diese in den Folgejahren deutlich zu auf elf in 2016 und sogar 24 in 2017; in 2018 gab es lediglich sieben Verzögerungsbeschwerden. Dabei wurde in all den Jahren lediglich einer Beschwerde stattgegeben.[173] Das BVerfG betont bei seinen Entscheidungen die besondere Stellung und Aufgabe des Gerichts, sodass auch ungewöhnlich lange Verfahren von z. B. vier Jahren und acht Monaten nicht als unangemessen lang beurteilt werden müssen[174], dies wird auch durch die

---

169 *Zuck* stellt dar, dass die Mindestwartezeit von einem Jahr nicht mit allen Verfahren in Einklang zu bringen ist, siehe zu weiteren Beispielen *Zuck*, NVwZ 2012, 265, 269. Kritisch auch *Haratsch*, in: Maunz/Schmidt-Bleibtreu/Klein/Bethge, Bundesverfassungsgerichtsgesetz, September 2017, § 97a BVerfGG Rn. 18 (m. w. N.), die Verzögerungsbeschwerde, die zunächst eine Verzögerungsrüge voraussetzt, kann jegliche Verfahren vor dem BVerfG aufgreifen, siehe ebd. Rn. 17.

170 Bundesverfassungsgericht, Jahresstatistik 2018, erschienen 2019 (o. Fn. 163), S. 7.

171 *Zuck*, NVwZ 2012, 267.

172 BVerfG, NJW 1981, 1499, 1500; BVerfG, NJW 2008, 503, 503; BVerfG, NJW 2016, 2021, 2021 f.

173 Bundesverfassungsgericht, Jahresstatistik 2018 (o. Fn. 163), S. 36; Bundesverfassungsgericht, Jahresstatistik 2017 (o. Fn. 163), S. 36; Bundesverfassungsgericht, Jahresstatistik 2016 (o. Fn. 163), S. 36; Bundesverfassungsgericht, Jahresstatistik 2015, S. 36. Am 31. Dezember 2018 war noch eine Verzögerungsbeschwerde anhängig, siehe Bundesverfassungsgericht, Jahresstatistik 2018 (o. Fn. 163), S. 36.

174 BVerfG, NJW 2015, 3361, 3361; BVerfG, NJW 2016, 2021, 2021.

Rechtsprechung des EGMR gestützt.[175] Der EGMR nahm z. B. eine Verletzung von Art. 6 Abs. 1 S. 1 EMRK durch das BVerfG erst bei Verfahren an, die sieben Jahre und vier Monate[176] bzw. elf Jahre und zwei Monate[177] andauerten. Das der stattgegebenen Verzögerungsbeschwerde zugrunde liegende Verfahren belief sich auf fünf Jahre und fünf Monate.[178] *Barczak* geht in diesem Zusammenhang von einer Orientierungslinie von fünf Jahren aus, nach denen ein Verfahren jedenfalls als unangemessen lang bezeichnet werden soll.[179]

Was die Anzahl der Verzögerungsrügen anbelangt, kann lediglich auf den Erfahrungsbericht der Bundesregierung zum ÜberlVfRSchG zurückgegriffen werden. Im Berichtszeitraum (Dezember 2011 bis Dezember 2013) gab es 74 Verzögerungsrügen. Nicht eine der 42 Verzögerungsbe-

---

175 EGMR, NJW 2015, 3359, 3360.

176 Die Instanzgerichte hatten über eine Räumungsklage infolge der Kündigung einer verpachteten Landparzelle an den Kleingartenverein München zu entscheiden. Der BGH setzte das Verfahren aus und legte im Rahmen einer konkreten Normenkontrolle dem BVerfG die Frage vor, ob § 16 Abs. 3 BundeskleingartenG mit Art. 14 GG vereinbar ist. Das BVerfG entschied über die Vorlage, die es mit einem anderen Verfahren verbunden hatte, nach sieben Jahren und vier Monaten. Die Beschwerdeführerin legte anschließend Beschwerde beim EGMR ein. Der EGMR erachtete die Verfahrensdauer als unangemessen lang und berief sich hierfür, trotz der Schwierigkeit des Falles, auf die chronische Arbeitsüberlastung des BVerfG. Das Verhalten der Beschwerdeführerin hingegen habe keinen Anlass zu einer Verzögerung gegeben. Siehe hierzu EGMR, NJW 1997, 2809 ff.

177 Im Rahmen der Öffentlichkeitsarbeit der Bundesregierung bezeichnete diese fünf religiöse bzw. meditative Vereinigungen u. a. als *„Psycho-Sekte"*. Eine dagegen gerichtete Klage blieb erfolglos. Daraufhin erhoben die Vereinigungen Verfassungsbeschwerde, über die nach elf Jahren und zwei Monaten entschieden wurde. Noch vor der Entscheidung des BVerfG erhoben sie erfolgreich Beschwerde vor dem EGMR, siehe EGMR, NVwZ 2010, 177 ff.

178 BVerfG, NJW 2015, 3361, 3363. Die Beschwerdeführerin machte vor den Arbeitsgerichten erfolglos einen Anspruch auf Zahlung einer Gehaltsdifferenz geltend, da sie gegenüber ihren männlichen Kollegen ein geringeres Einkommen erzielte. Anschließend erhob sie Verfassungsbeschwerde. Das Ausgangsverfahren wurde aufgrund anderer Streitgegenstände weitergeführt. Aufgrund einer unklaren Zuständigkeit und einer späteren Änderung der Zuständigkeitsverteilung wurde das Verfahren vor dem BVerfG nach fünf Jahren und fünf Monaten durch Nichtannahmebeschluss infolge eines Vergleiches im Ausgangsverfahren beendet. Zur Begründung der Verzögerungsbeschwerde berief sich das BVerfG auf die Bedeutung des Verfahrens und die in der Verantwortungssphäre des Gerichts liegenden Umstände, siehe hierzu BVerfG, NJW 2015, 3361, 3362 ff.

179 *Barczak*, AöR 2013, 536, 552.

schwerden im Berichtszeitraum war erfolgreich.[180] *Barzcak* resümiert, dass eine Verfahrensdauer vor dem BVerfG vorwiegend lang, jedoch nur im Einzelfall als unangemessen lang zu qualifizieren ist.[181] Auch beim BVerfG spielt das ÜberlVfRSchG somit, bezogen auf den Erfolg der Verfahrensbeteiligten, keine besondere, aber bezogen auf die Eingänge der Beschwerden immerhin eine zunehmende Rolle.

Wenngleich *Voßkuhle* eine große Wertschätzung seitens der Öffentlichkeit gegenüber dem Gericht erkennt, konstatiert er, dass das BVerfG das ihm *„entgegengebrachte Vertrauen durch verständliche und überzeugende Entscheidungen täglich aufs Neue verdienen“* muss.[182] Die Nachvollziehbarkeit und Akzeptanz dieser Entscheidungen erscheinen jedoch fraglich angesichts ihrer jeweiligen langwierigen Verfahrensdauer.

V. Abschließende Bemerkungen

Einführend wurde die Forderung des effektiven Rechtsschutzes nach einem effektiven, möglichst lückenlosen und auch zeitgerechten Individualrechtsschutz dargestellt. Es hat sich gezeigt, dass dem Gebot des effektiven Rechtsschutzes ein beträchtlicher Einfluss auf die Ausgestaltung unseres Rechtssystems zukommt, mit grundlegender und weitreichender Bedeutung in der Vergangenheit, aber auch für die Zukunft. Daher wird Art. 19 Abs. 4 S. 1 GG auch als *„Schlußstein“* im *„Gewölbe des Rechtsstaates“*[183] oder als *„königliche[r] Artikel[...] des Grundgesetzes“*[184] bezeichnet, hingegen aber auch als eine *„Hypertrophie des Rechtsstaates“*[185] kritisiert.

Der Grundsatz des effektiven Rechtsschutzes hat aber deutliche Grenzen, wenn er dem Gesetzgeber bei der konkreten Ausgestaltung des Rechtssystems einen großzügigen Spielraum belässt. Die Qualität der Gewährleistung wird daher vom Gesetzgeber statuiert, weshalb das Gebot des effektiven Rechtsschutzes zunächst nur ein „Minimum“ gewährleistet.[186]

---

180 BT-Drs. 18/2950, S. 9. Von den 42 Verzögerungsbeschwerden waren 39 erfolglos (38 waren unzulässig und eine unbegründet), eine wurde zurückgenommen, eine hat sich auf sonstige Weise erledigt und eine blieb bis zum Ende des Berichtszeitraums anhängig, siehe hierzu ebenfalls BT-Drs. 18/2950, S. 9.

181 *Barczak*, AöR 2013, 582.

182 Bundesverfassungsgericht, Jahresstatistik 2016 (o. Fn. 163), S. 1.

183 *Thoma*, in: Wandersleb (Hrsg.), Recht, Staat, Wirtschaft, 1951, S. 9, S. 9.

184 *Jellinek*, VVDStRL 1951, 3, 3.

185 *Weber*, Spannungen und Kräfte im westdeutschen Verfassungssystem der Gegenwart, 1970, S. 92 f.

186 *Remmert*, JURA 2014, 906, 912.

Zudem darf es nicht als umfassende Garantie der Rechtsdurchsetzung missverstanden werden, gewährleistet es dem Einzelnen eben allein eine „Chance“ einer mit materiellem Recht in Einklang stehenden gerichtlichen Entscheidung.[187]

Da das Recht stetigen Änderungen unterliegt, rückt das effektive Rechtsschutzgebot immer wieder in das Zentrum aktueller Diskussionen. In seinen Grundsätzen wird das derzeitige Rechtsschutzsystem dem effektiven Rechtsschutzgebot gerecht, zumindest was einen lückenlosen Rechtsschutz angeht. Dennoch gibt es Fälle, über die vortrefflich gestritten werden kann. Was hingegen einen Rechtsschutz in *angemessener* Zeit angeht, muss anhand der statistischen Auswertung konstatiert werden, dass ein solcher in weiten Teilen (stets in Abhängigkeit vom Bundesland und der konkreten Verfahrensdauer) nicht mehr gewährleistet, zumindest aber erheblich gefährdet ist.

187 *Lorenz*, JURA 1983, 393, 395.

Tabelle I Geschäftsentwicklung in der Verwaltungsgerichtsbarkeit[188]

			Eingänge	Rückstände	Insgesamt zu Erledigen	Erledigungen im jew. Jahr	Rückstände für das nächste Jahr
VG (Hauptverfahren; Kammern insgesamt)	Deutschland insgesamt	2015	144.628	125.197	269.825	147.293	122.532
		2016	230.801	122.532	353.333	164.160	189.173
		2017	352.331	189.173	541.504	203.426	338.078
	Bayern	2015	18.638	10.842	29.480	17.940	11.540
		2016	29.977	11.540	41.517	19.882	21.635
		2017	57.503	21.635	79.138	29.350	49.788
	Brandenburg	2015	9.139	8.378	17.517	5.904	11.613
		2016	10.527	11.613	22.140	8.381	13.759
		2017	14.029	13.759	27.788	8.287	19.501
	Mecklenburg-Vorpommern	2015	3.814	4.613	8.427	3.930	4.497
		2016	4.591	4.497	9.088	4.641	4.447
		2017	5.379	4.447	9.826	4.703	5.123
	Nordrhein-Westfalen	2015	36.100	27.662	63.762	36.894	26.868
		2016	61.702	26.868	88.570	44.295	44.275
		2017	84.627	44.275	128.902	51.922	76.980
	Rheinland-Pfalz	2015	4.304	1.765	6.069	4.477	1.592
		2016	11.702	1.592	13.294	6.726	6.568
		2017	13.615	6.568	20.183	9.265	10.918
	Sachsen	2015	6.221	10.622	16.843	6.062	10.781
		2016	10.356	10.781	21.137	10.671	10.466
		2017	13.659	10.466	24.125	9.066	15.059
VG (Hauptverfahren; ohne Asylkammern)	Deutschland insgesamt	2015	94.206	95.075	189.281	99.196	90.085
		2016	89.755	90.085	179.840	94.727	85.113
		2017	92.171	85.113	177.284	81.294	95.990
	Bayern	2015	11.886	8.002	19.888	11.399	8.489
		2016	11.582	8.489	20.071	11.107	8.910
		2017	12.224	8.910	21.134	10.428	10.706
	Brandenburg	2015	6.081	7.098	13.179	3.915	9.264
		2016	5.413	9.264	14.677	6.081	8.596
		2017	6.193	8.596	14.789	4.418	10.371

			Eingänge	Rückstände	Insgesamt zu Erledigen	Erledigungen im jew. Jahr	Rückstände für das nächste Jahr
	Mecklen-burg-Vor-pommern	2015	2.242	3.254	5.496	2.567	2.929
		2016	2.192	2.929	5.121	2.479	2.642
		2017	2.052	2.642	4.694	2.048	2.646
	Nordrhein-Westfalen	2015	24.104	20.584	44.688	25.003	19.685
		2016	21.949	19.685	41.634	23.458	18.176
		2017	22.985	18.176	41.161	19.165	21.996
	Rheinland-Pfalz	2015	2.295	1.242	3.537	2.254	1.283
		2016	2.263	1.283	3.546	2.304	1.242
		2017	2.483	1.242	3.725	2.420	1.305
	Sachsen	2015	3.435	9.032	12.467	3.994	8.473
		2016	3.987	8.473	12.460	7.798	4.662
		2017	4.862	4.662	9.524	3.507	6.017
OVG als Rechts-mittelin-stanz*	Deutschland insgesamt (Senate insgesamt)	2015	14.000	10.687	24.687	13.451	11.236
		2016	16.092	11.236	27.328	14.249	13.079
		2017	20.820	13.079	33.899	18.576	15.323
	Deutschland insgesamt (ohne Asylsenate)	2015	11.400	9.563	20.963	10.888	10.075
		2016	11.349	10.075	21.424	11.288	10.136
		2017	9.596	10.136	19.732	10.449	9.283
BVerwG (sämtliche Verfahren)		2015	1.459	6885	2.147	1.412	733
		2016	1.658	733	2.391	1.664	727
		2017	1.459	727	2.186	1.407	782
		2018	1.344	782	2.126	1.441	685

* erledigte Berufungen, Beschwerden gegen Hauptsacheentscheidungen in Personalvertretungssachen und Beschwerden in Disziplinarverfahren

188 Eigene Darstellung, Zahlen beruhen auf: Statistisches Bundesamt, Verwaltungsgerichte, Fachserie 10, Reihe 2.4, 2017, erschienen 2018, S. 13 ff., 93 f.; Statistisches Bundesamt, Verwaltungsgerichte, Fachserie 10, Reihe 2.4, 2016, erschienen 2017, S. 12 ff., 90 f., sowie Statistisches Bundesamt, Verwaltungsgerichte, Fachserie 10, Reihe 2.4, 2015, erschienen 2016, S. 12 ff., 78 f., alle abrufbar unter: https://www.destatis.de/GPStatistik/receive/DESerie_serie_00000104, die Zahlen für 2018 wurden noch nicht veröffentlicht; des Weiteren: Der Präsident des Bundesverwaltungsgerichts, Jahresbericht 2018, erschienen 2019, S. 14 und Jahresbericht 2017, erschienen 2018, S. 14, abrufbar unter: https://www.bverwg.de/das-gericht/bild-und-informationsmaterial/zahlen-und-fakten.

Tabelle II Geschäftsentwicklung in der Verfassungsgerichtsbarkeit[189]

		Eingänge		Rückstände insgesamt	Insgesamt zu Erledigen	Erledigungen im jew. Jahr	Rückstände für das nächste Jahr
		Gesamt	Nur Verfassungsbeschwerden				
BVerfG (sämtliche Verfahren)	2015	5.891	5.739	3.854	9.745	6.133	3.612
	2016	5.754	5.610	3.612	9.366	6.181	3.185
	2017	5.982	5.784	3.185	9.167	5.659	3.508
	2018	5.959	5.678	3.508	9.467	6.231	3.236

189 Eigene Darstellung, Zahlen beruhen auf: Bundesverfassungsgericht, Jahresstatistik 2018, erschienen 2019, S. 4, 17, 19, 22; Bundesverfassungsgericht, Jahresstatistik 2017, erschienen 2018, S. 4, 7, 13, 17; Bundesverfassungsgericht, Jahresstatistik 2016, erschienen 2017, S. 17, alle abrufbar unter: http://www.bundesverfassungsgericht.de/DE/Verfahren/Jahresstatistiken/jahresstatistiken_node.html.

Tabelle III Verfahrensdauer in der Verwaltungsgerichtsbarkeit[190]

			Erledigungen	Bis 3 Monate in %	3-6 Monate in %	6-12 Monate in %	12-24 Monate in %	Mehr als 24 Monate in %	Durchschnittliche Dauer in Monaten
VG (Hauptverfahren, Kammern insgesamt)	Deutschland insgesamt	2015	147.293	26,0	18,7	25,1	22,9	7,3	10,1
		2016	164.160	30,5	19,3	22,5	18,3	9,4	9,3
		2017	203.426	25,9	21,2	30,6	16,8	5,5	8,6
	Bayern	2015	17.940	34,0	22,9	23,9	16,1	3,1	7,1
		2016	19.882	39,3	22,4	21,8	13,7	2,9	6,5
		2017	29.350	28,5	24,5	32,4	12,9	1,8	6,9
	Brandenburg	2015	5.904	21,2	16,3	22,7	21,8	18,0	22,8
		2016	8.381	16,1	12,4	34,8	18,8	17,9	13,4
		2017	8.287	26,5	13,2	21,3	20	19,1	13,2
	Mecklenburg-Vorpommern	2015	3.930	10,4	12,1	20,9	24,6	32,0	20,1
		2016	4.641	14,0	10,6	18,5	27,4	29,4	18,9
		2017	4.703	18,3	15,8	28,8	19,6	17,5	13,6
	Nordrhein-Westfalen	2015	36.894	26,8	19,7	25,8	23,2	4,6	8,8
		2016	44.295	31,7	21,9	24,0	18,2	4,2	7,8
		2017	51.922	24,4	20,8	34,1	17,6	3,1	8,1
	Rheinland-Pfalz	2015	4.477	35,2	34,0	26,3	4,3	0,2	5,0
		2016	6.726	58,9	24,1	13,7	3,0	0,3	3,6
		2017	9.265	23,2	28,6	41,6	6,5	0,1	6,1
	Sachsen	2015	6.062	17,0	14,7	19,4	31,5	17,5	14,2
		2016	10.671	15,4	10,1	15,1	15,9	43,6	17,5
		2017	9.066	18,1	18,6	30,8	19,2	13,3	12,1
VG (Hauptverfahren, ohne Asylkammern)	Deutschland insgesamt	2015	99.196	24.8	15,5	24,6	26,1	9,0	10,1
		2016	94.727	24,2	16,2	23,4	22,3	13,9	11,4
		2017	81.294	23,9	16,8	23,5	24,3	11,5	11,2
	Bayern	2015	11.399	30,0	21,5	25,3	19,7	3,6	7,8
		2016	11.107	29,7	21,3	26,5	18,7	3,8	7,9
		2017	10.428	26,6	18,9	27,6	22,9	4,0	8,6
	Brandenburg	2015	3.915	14,5	10,4	22,5	27,2	25,3	15,9
		2016	6.081	12,1	9,2	37,5	18,5	22,7	15,2
		2017	4.418	14,1	10,0	18,3	26,1	31,5	18,6

			Erledigungen	Bis 3 Monate in %	3-6 Monate in %	6-12 Monate in %	12-24 Monate in %	Mehr als 24 Monate in %	Durchschnittliche Dauer in Monaten
	Mecklenburg-Vorpommern	2015	2.567	12,3	9,0	13,4	24,3	41,0	23,5
		2016	2.479	9,7	7,4	11,8	24,3	46,7	25,4
		2017	2.048	11,1	9,9	20,8	25,1	33,1	20,3
	Nordrhein-Westfalen	2015	25.003	26,9	17,1	24,3	26,0	5,6	9,4
		2016	23.458	26,2	17,3	24,3	25,2	6,9	9,7
		2017	19.165	25,9	17,5	25,4	23,8	7,5	9,9
	Rheinland-Pfalz	2015	2.254	25,0	29,1	37,8	7,6	0,4	6,2
		2016	2.304	25,6	29,8	34,9	8,8	0,9	6,2
		2017	2.420	26,2	31,8	36,0	5,7	0,3	5,7
	Sachsen	2015	3.994	11,8	10,2	16,9	37,2	23,9	17,2
		2016	7.798	13,0	5,8	10,6	13,6	57,0	20,4
		2017	3.507	17,5	10,6	17,4	24,1	30,3	18,3
OVG als Rechtsmittelinstanz*	Deutschland insgesamt, Dauer ab Rechtsmittelgericht (Senate insgesamt)	2015	13.451	36,0	14,5	17,9	20,5	11,1	10,0
		2016	14.249	36,9	16,0	20,5	18,3	8,4	9,1
		2017	18.576	43,0	14,7	19,7	15,9	6,7	7,8
	Deutschland insgesamt, Dauer ab Rechtsmittelgericht (ohne Asylsenate)	2015	10.888	30,8	14,3	19,0	23,1	12,8	11,1
		2016	11.288	29,5	17,0	22,5	21,0	10,0	10,3
		2017	10.449	27,7	12,4	23,7	25,2	11,0	11,1

190 Eigene Darstellung, Zahlen beruhen auf: Statistisches Bundesamt, Verwaltungsgerichte, Fachserie 10, Reihe 2.4, 2017, erschienen 2018, S. 23 ff., 101 f.; Statistisches Bundesamt, Verwaltungsgerichte, Fachserie 10, Reihe 2.4, 2016, erschienen 2017, S. 22 ff., 98 f. sowie Statistisches Bundesamt, Verwaltungsgerichte, Fachserie 10, Reihe 2.4, 2015, erschienen 2016, S. 24 f., 86 f., alle abrufbar unter: https://www.destatis.de/GPStatistik/receive/DESerie_serie_00000104, die Zahlen für 2018 wurden noch nicht veröffentlicht; des Weiteren Der Präsident des Bundesverwaltungsgerichts, Jahresbericht 2018, erschienen 2019, S. 14, abrufbar unter: https://www.bverwg.de/medien/pdf/jahresbericht_2017.pdf.

		Erledigungen	Bis 3 Monate in %	3-6 Monate in %	6-12 Monate in %	12-24 Monate in %	Mehr als 24 Monate in %	Durchschnittliche Dauer in Monaten
Deutschland insgesamt, Dauer ab erste Instanz	Abweichend:		Bis 6 Monate	6 bis 12 Monate	12 bis 24 Monate	24 bis 48 Monate	Mehr als 48 Monate	
	2015	13.451	4,9	12,8	30,9	35,6	15,7	30,2
	2016	14.249	8,5	16,1	28,5	34,7	12,2	27,3
	2017	18.576	9,2	26,2	27,9	27,6	9,1	23,1
Deutschland insgesamt, Dauer ab erste Instanz (ohne Asylsenate)	2015	10.888	3,0	9,8	29,3	39,3	18,5	32,9
	2016	11.288	3,4	14,8	28,6	38,5	14,6	30,2
	2017	10.449	2,5	9,2	29,6	43,4	15,4	31,6
BVerwG (sämtliche Verfahren)	2015	1.412	k.A.	k.A.	k.A.	k.A.	k.A.	13,8
	2016	1.664	k.A.	k.A.	k.A.	k.A.	k.A.	11,9
	2017	1.407	k.A.	k.A.	k.A.	k.A	k.A.	12,3
	2018	1.441	k.A.	k.A.	k.A.	k.A.	k.A.	14,5

* erledigte Berufungen, Beschwerden gegen Hauptsacheentscheidungen in Personalvertretungssachen und Beschwerden in Disziplinarverfahren

Tabelle IV Verfahrensdauer in der Verfassungsgerichtsbarkeit[191]

	Eingangsjahre	zum Vgl. Eingänge der jew. Jahre	Innerhalb eines Jahres in %	Innerhalb 2 Jahre in %	Innerhalb 3 Jahre in %	Mehr als 4 Jahre in %	Anhängig geblieben in %
BVerfG (Verfassungsbeschwerden)	2008-2015	2015: 5.739	64,2	21,8	5,2	1,8	7
	2008-2016	2016: 5.610	64	22,6	5,7	2,1	5,6
	2009-2017	2017: 5.784	62,8	23,1	5,7	2,2	6,2
	2009-2018	2018: 5.678	62,9	23,9	5,7	2,4	5,1

191 Eigene Darstellung, Zahlen beruhen auf: Bundesverfassungsgericht, Jahresstatistik 2018, erschienen 2019, S. 14, 22; Jahresstatistik 2017, erschienen 2018, S. 7, 22; Jahresstatistik 2016, erschienen 2017, S. 22; Jahresstatistik 2015, erschienen 2016, S. 21, alle abrufbar unter: http://www.bundesverfassungsgericht.de/DE/Verfahren/Jahresstatistiken/jahresstatistiken_node.html.

B. Praxisbeispiele – mit einem Fokus auf Brandenburg

Lothar Knopp[*]

I. Vorbemerkung

Eine überlange Verfahrensdauer und damit eine Konterkarierung des effektiven Rechtsschutzgebots prägen nunmehr seit Jahren die deutsche Verwaltungsgerichtsbarkeit. Bereits 2017 warnen die Verwaltungsrichter aufgrund der Flut von zu bewältigenden Asylverfahren vor einem Zusammenbruch und scheuen dabei auch die Präsenz in den Medien nicht mehr.[1] Landauf, landab wird als wesentliche Ursache fehlende Personalausstattung, aber auch sonstige technische Ausstattung der Justizverwaltung beklagt.[2] Hier rächt sich nunmehr bitter der bundesweit zu beobachtende stetige Abbau des Personals im Öffentlichen Dienst, insbesondere auch in der Justiz. Der „normale“ Rechtssuchende bleibt also „auf der Strecke“. In Brandenburg scheint die beschriebene Lage sich äußerst zugespitzt zu haben, wie Medienberichte jüngst belegen. So sollen z. B. beim Verwaltungsgericht Cottbus die unerledigten und „liegen gebliebenen“ Fälle von 1.376 im Jahr 2011 aktuell auf 5.726 angestiegen sein[3], ein unerträglicher Zustand für die Betroffenen, aber auch für die Richter, die schon längst an den Grenzen ihrer Arbeitskapazität angelangt sind.

Betrachtet man die Zahlen im Beitrag von *Linke*[4], scheint die Statistik im Hinblick auf überlange Verfahrensdauer dagegen nicht allzu „dramatisch“, was etwa gerade Brandenburg anbelangt. Diese Zahlen täuschen aber bzw. verschleiern die tatsächlichen Verfahrenssituationen, da nur die

* Der *Verfasser* war bzw. ist in allen Beispielen als Prozessbevollmächtigter der jeweiligen Antragsteller/Kläger tätig.

1 Vgl. z. B. „Verwaltungsrichter warnen vor Zusammenbruch“, abrufbar unter: https://www.spiegel.de/politik/deutschland/asylverfahren-verwaltungsrichter-warnen-vor-zusammenbruch-a-1158807.html; „Verwaltungsgerichte durch Asylklagen-Flut überlastet“, abrufbar unter: https://www.freiewelt.net/nachricht/verwaltungsgerichte-durch-asylklagen-flut-ueberlastet-10071548.

2 Siehe o. Fn. 1.

3 Vgl. „Personalmangel bremst Verwaltungsgericht Cottbus aus“, abrufbar unter: https://www.lr-online.de/lausitz/cottbus/justiz-in-cottbus-warten-auf-ein-urteil_aid-36611901.

4 Vgl. *Linke*, insbes. unter A. IV. 2. c).

wenigsten Antragssteller/Kläger eine Verzögerungsrüge erheben oder gar einen Entschädigungsanspruch geltend machen[5], nicht zuletzt, um das angerufene Gericht nicht von vorneherein „ungnädig“ zu stimmen.

Diese Auffassung ist allerdings ein fataler Irrtum. Erst mit der Inanspruchnahme besagter Rechtsinstrumente bei nicht zeitgerechter Verfahrensdauer werden diese Verfahren auch transparent bzw. können von den Richtern selbst genutzt werden, um auf ihre desolate Situation gegenüber den politischen Entscheidern unter Vorlage entsprechender „Prozessnachweise“ aufmerksam zu machen.

Die nachfolgenden Fallbeispiele beinhalten zunächst eine (zeitliche) Verfahrenschronologie, wobei ein besonders gravierendes Beispiel seine Ursache nicht in o. g. äußeren Umständen hat, sondern im richterlichen Verhalten selbst begründet ist und auch nicht aus der Verwaltungsgerichtsbarkeit, sondern aus der Strafgerichtsbarkeit entstammt. Als besonders anschauliches Beispiel richterlicher „Rechtsverweigerung“ und Versagung effektiven Rechtsschutzes sei es hier dennoch aufgeführt. Ein weiteres Beispiel stammt nicht aus Brandenburg, sondern aus dem ehemals gepriesenen „Musterländle“ Baden-Württemberg, wobei die lange Verfahrensdauer, wie die konkrete Handhabung des Verfahrens durch das zuständige Verwaltungsgericht zeigt, auch nicht ihre Ursache in einer Überlastung der zuständigen Kammer durch Asylverfahren hat.

II. Fallbeispiel 1 – das sog. „Kanzlerverfahren“[6]

1. Zum Sachverhalt

Ein brandenburgischer Hochschulkanzler, der seine Funktion in einem Zeitbeamtenverhältnis[7] ausübte, stellte während seiner ersten Amtszeit, unterstützt durch den Präsidenten „seiner“ Hochschule, über die Hochschulleitung an das zuständige Wissenschaftsministerium den Antrag auf „unbefristete Bestellung als Kanzler“ ab 1. März 2011 (Auslaufen der ersten Amtszeit war am 28. Februar 2011).

Ziel dieses Antrages war es – rechtlich präziser –, die Umwandlung seines Zeitbeamtenverhältnisses in ein Lebenszeitbeamtenverhältnis als

5 *Linke*, A. IV. 2. b).

6 Vgl. hierzu *Knopp*, LKV 2015, 307 ff.; *ders.*, ZBR 2017, 235 ff.; *ders.*, NVwZ 2018, 1029 ff., jew. m. w. N.

7 § 67 Abs. 2 S. 3 Hs. 1 BbgHG (vom BVerfG für unwirksam erklärt).

Hochschulkanzler zu erreichen. In der Begründung seines Antrages bezog er sich insbesondere auf einen Beschluss des BVerfG aus dem Jahr 2008[8], wonach das Gericht bei Beamten in leitender Funktion die einer Verbeamtung auf Zeit zugrundeliegende gesetzliche Regelung als Verstoß gegen das beamtenverfassungsrechtliche Lebenszeitprinzip ansah und für nichtig erklärte.

Nachdem das zuständige Wissenschaftsministerium zunächst weder eine Stellungnahme zu besagtem Antrag abgab noch ihn verbeschied, erhob der Antragsteller nunmehr am 21. Juli 2010 eine Untätigkeitsklage in Form der Verpflichtungsklage beim zuständigen Verwaltungsgericht. Zwischenzeitlich „bestellte" der Präsident den Kläger erneut für eine zweite Amtszeit als Hochschulkanzler nach vorheriger öffentlicher Ausschreibung, wonach der Kläger aber wiederum in ein weiteres Zeitbeamtenverhältnis seitens des zuständigen Wissenschaftsministeriums berufen wurde und zwar nach Auslaufen seiner ersten Amtszeit zum 1. März 2011.

2. *„Verfahrenschronologie"*

a) Hauptsacheverfahren

Die Klage wurde, worauf oben schon hingewiesen wurde, am 21. Juli 2010 beim zuständigen Verwaltungsgericht eingereicht. Am 2. März 2011 fand eine mündliche Verhandlung statt, die Abweisung der Klage erfolgte mit Verkündung des Urteils am 21. April 2011[9], das schriftliche Urteil wurde dem Prozessbevollmächtigten des Klägers dagegen erst am 3. September 2011 zugestellt.

Am 26. September 2011 wurde beim Erstgericht vom Kläger Berufung eingelegt, die Bestätigung des Eingangs der Berufung erfolgte durch das zuständige OVG als Berufungsgericht am 12. Oktober 2011. Erst am 13. November 2014 fand die mündliche Verhandlung sowie die Urteilsverkündung[10] statt; das Urteil, mit dem die Berufung des Klägers zurückgewiesen und zugleich aber auch die Revision zugelassen wurde, wurde dem Prozessbevollmächtigten des Klägers am 28. November 2014 zugestellt. Hiergegen legte der Kläger am 16. Dezember 2014 Revision ein, die am 26. Januar 2015 begründet wurde. Am 23. Juni 2016 fand beim 2. Senat

---

8 BVerfGE 121, 205 = NVwZ 2008, 873.
9 VG Cottbus – 5 K 582/10, BeckRS 2016, 54118.
10 OVG Berlin-Brandenburg – 4 B 31/11.

des Bundesverwaltungsgerichts (BVerwG) die mündliche Verhandlung statt, mit gleichzeitiger Verkündung des vom Kläger erstrebten Vorlagebeschlusses an das BVerfG zur Feststellung der Verfassungswidrigkeit und Unwirksamkeit der entsprechenden Regelung im Brandenburgischen Hochschulgesetz (BbgHG) als Rechtsgrundlage für ein Zeitbeamtenverhältnis beim Hochschulkanzler.[11] Die Zustellung des schriftlichen Aussetzungs- und Vorlagebeschlusses an den Klägervertreter erfolgte am 8. Oktober 2016. Mit seinem Vorlagebeschluss folgte das Bundesverwaltungsgericht vollumfänglich der klägerischen Auffassung zur Verfassungswidrigkeit der brandenburgischen Befristungsregelung beim Hochschulkanzler.

Das mit der Normprüfung befasste BVerfG (konkrete Normenkontrollklage) bestätigte in seinem Beschluss vom 24. April 2018[12] vorab die Zulässigkeit des Vorlagebeschlusses und folgte nicht nur der Auffassung des Klägers sowie des vorlegenden BVerwG, sondern ging noch über die vom BVerwG vorgelegte Fragestellung hinaus.[13] Das BVerfG stellte jedenfalls in seinem Beschluss insbesondere die Verfassungswidrigkeit und Nichtigkeit der genannten Befristungsregelung fest als Folge des Verstoßes gegen das beamtenverfassungsrechtliche Lebenszeitprinzip bzw. Art. 33 Abs. 5 GG. Der schriftliche Beschluss wurde dem Klägervertreter am 23. Mai 2018 zugestellt.

Zeitlich nunmehr „zügig", unter dem 30. Mai 2018, wurden die Parteien des Hauptsacheverfahrens – Kläger und Land Brandenburg, dieses vertreten durch das Wissenschaftsministerium – vom BVerwG gebeten, eine Stellungnahme zu einer möglicherweise einvernehmlichen Beilegung des Rechtsstreits binnen sechs Wochen abzugeben. Dass der Rechtsstreit dann erst durch gerichtlichen Vergleich im März 2019 (Beschluss des BVerwG vom 13. März 2019[14]) erledigt und abgeschlossen werden konnte, ist allerdings nicht auf den 2. Senat des BVerwG, sondern auf das Verhalten der Parteien, resp. insbesondere auch des beklagten Landes, das sich zunächst sehr „passiv" verhielt, zurückzuführen, wobei die beigeladene Universität in der letzten Phase des Verfahrens durchaus hierzu „ihr Schärflein" beigetragen hat. Jedenfalls wurde der klägerische Vergleichsvorschlag letztendlich von den anderen Verfahrensbeteiligten akzeptiert, wobei im Ver-

11 BVerwG 2 C 1.15 = BVerwGE 155, 300 = NVwZ-RR 2017, 143 Ls. = BeckRS 2016, 54101.

12 BVerfG – 2 BvL 10/2016 = NVwZ 2018, 1044.

13 Indem es auch die gesetzlichen Reglungen zur sog. Rückfallgarantie für „Altkanzler", worunter auch der Kläger fiel, für unwirksam erklärte, siehe hierzu § 93 Abs. 2 BbgHG i. V. m. § 68 BbgHG i. d. F. der Bekanntmachung vom 6. Juli 2004.

14 BVerwG 2 C 8.18.

gleichstext explizit auf die Bewährung des Klägers als Hochschulkanzler, das uneingeschränkte Bestehen eines Wiedereinstellungsanspruchs des Klägers als Hochschulkanzler jetzt im Lebenszeitbeamtenverhältnis und sein Eintreten in den gesetzlichen Ruhestand mit Ablauf des 30. November 2019 Bezug genommen wird.

b) „Überlange" Verfahrensdauer

Als der Kläger seinen o. a. Antrag im Juli 2010 über den Präsidenten der Hochschule an das Wissenschaftsministerium gestellt und am 21. Juli 2010 Klage beim Erstgericht erhoben hat, hat er sich sicherlich nicht träumen lassen, welchen langen „Atem" und welches Durchhaltevermögen er würde haben müssen, um zu einer gerichtlichen Endentscheidung zu gelangen. Unter der erforderlichen Betrachtung des *gesamten* Verfahrens stellt der 24. April 2018 (Beschluss des BVerfG) einen zentralen Meilenstein dar. Nahezu acht Jahre sind vergangen, bis endlich das BVerfG eine für das laufende Hauptsacheverfahren entscheidungserhebliche Frage zugunsten des Klägers klären konnte. Nach dieser Entscheidung nahm sich allerdings, wie gezeigt, das BVerwG erneut und zügig der Angelegenheit an, wobei das Hauptsacheverfahren unter Berücksichtigung des Parteiverhaltens dann noch ein knappes Jahr bis zu dessen Abschluss dauerte.

Zu berücksichtigen ist vorliegend zwar auch, dass es sich um durchaus komplexe rechtliche Fragestellungen mit Verfassungsbezug gehandelt hat, in diesem Zusammenhang um Verknüpfungen von Beamten- und Hochschulrecht, die für die befassten Verwaltungsgerichte nicht unbedingt „einfach" zu bearbeiten waren. Hinzu kommt, dass die Verwaltungsgerichte, insbesondere wenn sie als Erstgerichte mit derartigen Fragen befasst werden, sich nur selten zu Vorlagebeschlüssen an das BVerfG durchringen können, da die entsprechenden Zulässigkeitshürden relativ hoch sind[15] und die Erstellung eines solchen Beschlusses zudem sehr aufwendig ist. Deshalb überlässt ein solches Vorgehen die Verwaltungsgerichtsbarkeit in ihrer Instanzenausprägung Verwaltungsgericht und Oberverwaltungsgericht bzw. Verwaltungsgerichtshof bei verfassungsrechtlichen Klärungen lieber dem Bundesverwaltungsgericht, dessen 2. Senat seine diesbezügliche Aufgabe vorliegend auch „bravourös" erfüllt hat.

Bei der Betrachtung des gesamten Verfahrens ist dennoch, gerade wenn man die einzelnen Verfahrensabschnitte analysiert, von einer *nicht* zeitge-

15 Vgl. Art. 100 Abs. 1 GG und § 80 Abs. 2 S. 1 BVerfGG.

rechten Verfahrensdauer und damit von einer Verletzung des effektiven Rechtsschutzgebots auszugehen.

c) Einstweilige Rechtsschutzverfahren

Flankiert wurde das Hauptsacheverfahren durch ein einstweiliges Rechtsschutzverfahren (§ 123 VwGO), das erforderlich war, da die zweite Amtszeit des Klägers mit Ablauf des 28. Februar 2017 endete. Der entsprechende einstweilige Rechtsschutzantrag wurde am 23. September 2016 beim zuständigen Verwaltungsgericht eingereicht mit dem Ziel der vorläufigen Weiterbeschäftigung des Klägers/Antragstellers als Hochschulkanzler in einem Beamtenverhältnis auf Lebenszeit. Mit Beschluss vom 19. Januar 2017[16] wies das VG den Antrag ab, die hiergegen eingelegte Beschwerde wurde vom zuständigen OVG – dagegen relativ zügig – mit Beschluss vom 20. Februar 2017[17] abschlägig verbeschieden. Ohne sich vorliegend vertieft mit materiell-rechtlichen Fragestellungen zu beschäftigen, waren beide Gerichte der Auffassung, dass dem Antragsteller (Kläger) keine rechtlichen Nachteile durch Ausscheiden aus dem Amt des Hochschulkanzlers entstehen würden, da er auch zu einem späteren Zeitpunkt seinen Anspruch auf Ernennung in ein Lebenszeitbeamtenverhältnis beim Kanzleramt nicht verlieren würde. An dieser Stelle sei nur kurz angemerkt, dass diese Argumentation offensichtlich ein „normales“ Beamtenverhältnis zugrunde legt, aber hier die Verknüpfung von Hochschulrecht und Beamtenrecht völlig verkennt und damit auch den beim Brandenburgischen Hochschulkanzler im Brandenburgischen Hochschulgesetz (BbgHG) nach wie vor bestehenden „Bestellmechanismus“, wonach der Hochschulkanzler grundsätzlich erst in ein Beamtenverhältnis gelangen kann, wenn er zuvor vom zuständigen Hochschulpräsidenten „bestellt“ worden ist.[18]

Im Unterschied zum Hauptsacheverfahren führt jedenfalls die Betrachtung der Gesamtdauer des einstweiligen Rechtsschutzverfahrens nicht zur Annahme einer Verletzung des effektiven Rechtsschutzgebots.

16 VG Cottbus – VG 4 L 477/16.

17 OVG Brandenburg – OVG 4 S 2.17.

18 § 67 Abs. 2 S. 1 BbgHG.

d) Abschließende Bemerkung

Die Entscheidung des BVerfG zur Nichtigkeit der brandenburgischen Befristungsregelung beim verbeamteten Hochschulkanzler hat zu einem „wahren Beben" in der deutschen Hochschullandschaft geführt. Soweit andere Bundesländer ähnlich Brandenburg eine sog. monokratische Rektorats- bzw. Präsidialverfassung in ihren Hochschulgesetzen favorisiert haben[19], gilt es dort jetzt zu überlegen, ob Befristungsregelungen zum Hochschulkanzler, die ein Zeitbeamtenverhältnis vorsehen, nicht aufgrund der Vorgaben des BVerfG „nachgebessert" bzw. durch einen verfassungskonformen Regelungsmechanismus ersetzt werden müssen.[20]

III. Fallbeispiel 2 – Normenkontrollklage

Ein Unternehmen stellte, um einer behördlichen Auflage nachzukommen, am 17. Mai 2016 einen Bauantrag zum Bau einer seinerzeit abgebrannten Halle (sog. „Einhausung") auf ihrem Betriebsgelände bei der zuständigen Baubehörde des Landkreises. Das Bauvorhaben liegt im Bereich eines planungsrechtlich ausgewiesenen Industrie- und Gewerbegebiets der betroffenen kreisangehörigen Kommune. Zuvor beschloss die Kommune eine Planänderung bei gleichzeitigem Beschluss einer Veränderungssperre mit einer Laufzeit von zwei Jahren, die am 4. November 2015 in Kraft trat. Mit Antrag vom 25. November 2016 erhob das Unternehmen (Antragstellerin) beim zuständigen Oberverwaltungsgericht einen Normenkontrollantrag (§ 47 VwGO) mit dem Ziel, die Veränderungssperre für unwirksam erklären zu lassen, um ihr Bauvorhaben auflagengemäß realisieren zu können. Der Beantragung der Antragstellerin einer Ausnahmegenehmigung von der Veränderungssperre versagte die Kommune ihr Einvernehmen. Nach Auslaufen der Veränderungssperre beschloss die Kommune – ohne, dass sich das OVG mit dem Sachvortrag der Parteien des Normenkontrollantrages bis dahin beschäftigt hätte – den Erlass einer weiteren Veränderungssperre, die am 7. Dezember 2017 in Kraft trat, mit einer Laufzeit von einem Jahr. Auch diese Veränderungssperre ist inzwischen – am 7. Dezember 2018 – ausgelaufen. Da eine Befassung des OVG bis heute (!) aussteht, musste die Antragstellerin im Hinblick auf beide „erledigten" Verände-

---

19 Vgl. z. B. *Knopp*, NVwZ 2018, 1031; *Sandberger*, DÖV 2018, 963 ff., 971 f., jew. m. w. N.

20 Siehe o. Fn. 19.

rungssperren ihre Anträge umstellen, bei gleichzeitiger Geltendmachung eines erheblichen wirtschaftlichen Schadens. Die vom OVG zwischenzeitlich angeregte Güteverhandlung kam deshalb aus Sicht der Antragstellerin auch nicht in Betracht.

Dagegen wurde seitens des Gerichts den Parteien teilweise sehr „großzügige" Stellungnahmefristen zum jeweiligen Vortrag der anderen Seite eingeräumt, nahezu „klassisch" für sog. „Schiebeverfügungen", wonach die Akten erst einmal wieder den Richtertisch für längere Zeit verlassen können. Bis in die Gegenwart steht eine gerichtliche Entscheidung nach wie vor aus, auch ein Termin für eine (evtl.) mündliche Verhandlung ist nicht in Sicht. Dabei hat sich der ursprüngliche Streitgegenstand – die beiden Veränderungssperren – zwar nicht im Rechtssinne, aber durch Zeitablauf faktisch erledigt, weshalb die Antragstellerin nach Umstellung ihrer Anträge eine neue Zulässigkeitshürde (Nachweis des Feststellungsinteresses für ihre jetzt erhobenen Feststellungsanträge) nehmen muss, ohne dabei mit ihrem Bauvorhaben einen einzigen Schritt weiter zu sein. Die Verletzung des effektiven Rechtsschutzgebots dürfte vorliegend bereits schon jetzt außer Frage stehen.[21]

IV. Fallbeispiel 3 – Disziplinarmaßnahme

Dieses Beispiel ist nicht in Brandenburg, sondern in Baden-Württemberg angesiedelt und belegt noch einmal plastisch, wie richterliche „Schiebeverfügungen" zum Einsatz kommen, um auch „unangenehme" Fallgestaltungen erst einmal wieder vom Tisch zu bekommen.

Der spätere Kläger, ein Kommunalbeamter in Baden-Württemberg, sah sich unversehens mit einem Disziplinarverfahren wegen sog. „Arbeitszeitbetruges" konfrontiert, nach dessen Abschluss der behördeninternen Ermittlungen am 18. Dezember 2017 eine gegen ihn gerichtete Disziplinarverfügung stand, mit der gegen ihn eine Geldbuße verhängt wurde.

Da sich das behördeninterne Ermittlungsverfahren in die Länge zog bzw. der Eindruck sich aufdrängte, die behördeninternen Ermittlungen würden bewusst verschleppt, musste der Betroffene bereits im Stadium der behördlichen Ermittlungen verwaltungsgerichtliche Hilfe mit Erfolg in

21 In diesem Zusammenhang soll aber nicht versäumt werden, darauf hinzuweisen, dass der Antragstellerin vorliegend und aktuell nicht an einer Verzögerungsrüge gelegen ist, dies allerdings aus projektbezogenen und strategischen Gründen.

Anspruch nehmen, um ein Ende des Ermittlungsverfahrens zu „erzwingen“.

Am 9. Januar 2018 erhob der Betroffene gegen die Disziplinarverfügung Klage beim zuständigen Verwaltungsgericht, wobei im Laufe des bisherigen Verfahrens das Gericht auf Hinweis des Prozessbevollmächtigten des Klägers verschiedene personenbezogene Unterlagen zur Aufklärung des Sachverhalts von der Gegenseite anforderte. Der Beklagten gelang es dabei, das Verfahren immer wieder zu „verschleppen“, in dem sie – vorliegend rechtlich irrelevante – „Datenschutzargumente“ in den Vordergrund schob, um besagte Unterlagen nicht vorlegen zu müssen. Das Gericht widersprach durch mehrfache Aufforderungen an die Beklagte dieser Vorgehensweise, setzte aber bei jeder Aufforderung an die Beklagte, die mehrfach ergehen musste, dieser auch immer wieder – gemessen an der Eindeutigkeit der Rechtslage – unangemessen lange Fristen, um der gerichtlichen Aufforderung zur Vorlage besagter Unterlagen endlich nachzukommen. Dies führte dazu, dass die Beklagte vor Kurzem dann einfach erklärte, die angeforderten Unterlagen, die nur in elektronischer Form gespeichert waren, seien aufgrund gesetzlicher Vorgaben inzwischen gelöscht worden und könnten deshalb auch nicht mehr vorgelegt werden. Das Gericht ist damit letztlich den „Mätzchen“ der Beklagten, um es einmal etwas salopp zu formulieren, erlegen bzw. hat diese erst durch seine „Schiebeverfügungen“ ermöglicht. In diesem Zusammenhang ist darauf hinzuweisen, dass besagte Unterlagen durchaus entscheidungserheblich gewesen wären.

Am 3. Mai 2019 fand nunmehr die mündliche Verhandlung bei der zuständigen Disziplinarkammer des VG statt, wobei sich das Gericht (erfreulicherweise) sehr dezidiert mit den rechtlichen Fragestellungen beschäftigt hat. Nach einem Vergleichsvorschlag der Kammer wäre das Verfahren mit Ablauf des 31. Mai 2019 zu Ende, sollte der Vergleich von den Parteien nicht widerrufen werden. Im Falle des Widerrufs dürfte allerdings die Entscheidung (Urteil) noch einige Zeit in Anspruch nehmen, wonach das gesamte Verfahren in erster Instanz, sollte ein solches Urteil rechtskräftig werden, nahezu 1,5 Jahre, wenn nicht länger, gedauert hätte, ein unter dem Aspekt des effektiven Rechtsschutzgebots bzw. des Verbots einer überlangen Verfahrensdauer sicherlich „bedenklicher“ Zeitraum. Zu berücksichtigten ist dabei auch, wie im Beitrag von *Linke* dargestellt, die Bedeutung der Angelegenheit für den betroffenen Kläger. Im vorliegenden Fall hat er durch das Disziplinarverfahren eine Stelle, für die er bei einer anderen Behörde bereits eine Zusage hatte, „verloren“; des Weiteren hat er durch Einleitung des Disziplinarverfahrens erhebliche Gesundheitsbeeinträchtigungen erlitten, da er sich „ungerechten“ Vorwürfen ausgesetzt sieht, sich sogar durch seinen (ehemaligen) Vorgesetzten „gemobbt“ fühlt.

V. Fallbeispiel 4 – „Chronologie des Grauens“, ein Beispiel aus der brandenburgischen Strafjustiz

1. Zum Sachverhalt

Alle Feinheiten dieser strafgerichtlichen „Tragödie“ hier darstellen zu wollen würde zum einen das fokussierte Thema verfehlen, zum anderen den vorgegebenen Rahmen sprengen, weshalb sich nachfolgend auf die wesentlichen Verfahrensereignisse und den damit einhergehenden zeitlichen Ablauf beschränkt werden soll:

Eine Schwangere begab sich zur Entbindung in ein Krankenhaus und erlitt dort am 9. Mai 2009 eine Totgeburt. Da die Umstände des Kindstodes zweifelhaft erschienen, erstattete sie bei der zuständigen Staatsanwaltschaft über ihren Bevollmächtigten am 10. März 2010 Strafanzeige, nachdem zuvor (Juli 2009 bis März 2010) ein Schlichtungsverfahren gescheitert war. Die Staatsanwaltschaft ermittelte gegen eine Hebamme und eine Ärztin. Die Erhebung der Anklage beim zuständigen Amtsgericht (Strafgericht) dauerte nach Abschluss der Ermittlungen über zwei Jahre, die Fertigung der Anklageschrift datiert vom 17. Dezember 2012. Der von der Staatsanwaltschaft beauftragte medizinische Sachverständige „bescheinigte“ den Beschuldigten letztlich „grobe“ Versäumnisse bzw. Sorgfaltspflichtverletzungen in erheblichem Maße bei der Geburtsbegleitung, weshalb die Anklageschrift zutreffend vom Vorwurf der fahrlässigen Tötung ausgeht.

Nach Erhebung der Anklage erfährt die Anzeigeerstatterin zunächst nichts mehr vom Fortgang des Verfahrens. Ihr Bevollmächtigter muss das Aktenzeichen, unter dem das Verfahren beim Amtsgericht geführt wird, vom „vorgesetzten“ Landgericht erfragen, woraufhin dieses ihm unter dem 4. November 2013 das Aktenzeichen mitteilt, bei gleichzeitiger Entschuldigung für die „verzögerte Beantwortung“, aber auch unter dem Hinweis auf die „richterliche Unabhängigkeit“ am zuständigen Amtsgericht.

Bis zum 17. Dezember 2013 hört die ehemalige Anzeigeerstatterin und nunmehrige Nebenklägerin nichts mehr vom Amtsgericht. Dagegen wird die Nebenklage „förmlich“ erst nach einem Richterwechsel am 8. Oktober 2014 überhaupt zugelassen. Aufgrund der Einlassungen der Verteidigung gegen das von der Staatsanwaltschaft präsentierte medizinische Gutachten macht sich jetzt die zuständige Richterin daran, nach einem weiteren medizinischen Sachverständigen zu suchen und fragt hier bei der Verteidigung (!) nach Vorschlägen. Sie greift dabei einen der von der Verteidigung (!) gemachten Vorschläge auf, wobei in diesem Zusammenhang auf dem Briefkopf der Verteidigung evident wird, dass der benannte und dann vom Gericht beauftragte Gutachter im wissenschaftlichen Beirat der Verteidigerkanzlei tätig ist. Nachdem dieser Gutachter am 14. Dezember 2014 dem Gericht mittteilt, dass er in Deutschland nicht mehr tätig ist, beauftragt das Gericht einen anderen von der Verteidigung benannten Gutachter.

Unter dem 13. Juli 2015 erhebt der Bevollmächtigte der Nebenklägerin die erste Verzögerungsrüge – ohne Erfolg. Am 14. Januar 2016 wird die zweite Verzögerungsrüge erhoben, woraufhin am 2. Juni 2016 durch die zuständige Richterin die Anregung zur Einstellung des Verfahrens nach § 153a StPO (Einstellung gegen Geldauflage) erfolgt, mit der Begründung [Zitat], dass die Angeklagten *„jetzt seit schon sechs Jahren unter dem Druck des Verfahrens"* leben würden.

Am 2. August 2016 erhob die Nebenklägerin eine erneute Verzögerungsrüge, wiederum ohne Erfolg. Am 17. November 2017 kam es zu einem weiteren (3.) Richterwechsel. Am 23. November 2017 machte die Nebenklägerin einen Verstoß gegen die EMRK geltend, ebenfalls ohne Konsequenzen. Am 8. Februar 2018 erließ die jetzt zuständige Richterin Beschlüsse nach § 153a StPO[22], in denen sie kurzerhand gegen die eine Beschuldigte das Verfahren gegen eine Geldauflage von 2.250 EUR und gegen die zweite Beschuldigte gegen eine Geldauflage über 4.500 EUR, und dies beim Vorwurf einer fahrlässigen Tötung, einstellte, wobei die Beschlusslage noch den unzutreffenden Hinweis „Zustimmung aller Prozessbeteiligten" enthält.

Zusammengefasst bleibt festzuhalten:

In 2009 war die Totgeburt, die Anklageerhebung durch die Staatsanwaltschaft erfolgte im Dezember 2012, die Verfahrenseinstellung gegen eine Geldauflage durch das zuständige Amtsgericht datiert vom Februar 2018.

2. *Effektives Rechtsschutzgebot vs. richterliche Unabhängigkeit?*

Art. 97 GG garantiert die sog. richterliche Unabhängigkeit als wesentlichen Ausfluss des im Grundgesetz verankerten Rechtsstaatsprinzips. D. h., der Richter ist grundsätzlich „frei" in seinen Entscheidungen, u. a. entscheidet er auch, wie und wann er verschiedene Verfahrensmaßnahmen ergreift. Dabei ist er selbstverständlich aber „an Recht und Gesetz" gebunden[23], vorliegend u. a. insbesondere an die Strafprozessordnung (StPO), die auch

---

22 AG Cottbus – 75 Ds 1570 Js 7997/10 (467/12).

23 Vgl. auch explizit Art. 97 Abs. 1 GG.

dezidiert die Rechte einer Nebenklägerin festschreibt. Zu beachten ist von ihm in diesem Zusammenhang ebenfalls das effektive Rechtsschutzgebot.

Bei dem vorliegenden Fallbeispiel kann man dagegen durchaus schon von einer „Rechtsverweigerung“ sprechen, ob darüber hinaus der Tatbestand der „Rechtsbeugung“ erfüllt ist, sei einmal dahingestellt. So wurden teilweise auch Akteneinsichtsersuche der Nebenklägerin in den verschiedenen Verfahrensstadien einfach ignoriert, auf die Verzögerungsrügen wurde nicht reagiert.

Zweifelsfrei handelt es sich bei sog. Arztstrafsachen um komplexe, zumeist von Gutachterbewertungen abhängige Verfahren, die aber dennoch nicht zu dem dargestellten zeitlichen Verlauf mit den dokumentierten „Besonderheiten“ führen dürfen, insbesondere wenn das Opfer, wie hier, und dessen Familie durch den Tod eines Kindes traumatisiert sind und deren Leiden durch die richterliche Verfahrensweise in unerträglicher Weise noch verzögert bzw. gesteigert wird. Man mag hier mutmaßen, dass das zuständige Amtsgericht schlichtweg „überfordert“ gewesen ist oder auch andere Umstände zu den beschriebenen Verfahrensweisen geführt haben, im Ergebnis hat dann die zuletzt mit dem Verfahren befasste dritte Richterin offensichtlich einfach für sich eine „Notbremse“ gezogen und das Verfahren nach § 153a StPO eingestellt, um sich wohl nicht erneut mit einer von ihren Vorgängerinnen „geerbten“ umfänglichen Aktenlage auseinandersetzen zu müssen.

Die Verletzung des effektiven Rechtsschutzgebots im vorliegenden Fall ist jedenfalls evident und bedarf nach dokumentierter Darstellung des Verfahrensablaufs keiner weiteren Kommentierung. Eine Arbeitsüberlastung wegen „vorranging“ zu bearbeitender „Asylverfahren“ vermag allerdings das hier zuständige Amtsgericht/Strafgericht nicht zu reklamieren.

C. Versagen der Justiz – Ausdruck von „Staatsversagen"?

Lothar Knopp

I. Zum Begriff des „Staatsversagens" allgemein

Der Begriff des „Staatsversagens" taucht zunehmend immer wieder und vor allem in den Medien auf, wenn es – je nach Interessengruppe – darum geht, primär „politisches Versagen" oder „politisches Fehlverhalten" – so jedenfalls nach Auffassung der Verwender dieses Begriffs – anzuprangern.[1] Wissenschaftlich betrachtet ist die sog. Theorie des Staatsversagens als Reflex auf die Theorie des Marktversagens entstanden, d. h., der Begriff des „Staatsversagens" hat seinen eigentlichen Ursprung in der Ökonomie.[2] Die wissenschaftliche Befassung mit einem „Staatsversagen" ist dabei schon längst „salonfähig" geworden, wie wissenschaftliche Publikationen zu einer „Staatsversagen-Forschung" belegen.[3] Dieser Begriff ist daher auch nicht nur ein „Modebegriff"[4], selbst wenn er gern teilweise unreflektiert und schlagwortartig insbesondere in den Medien verwendet wird.

---

1 Vgl. z. B. *Kissler*, „Morbus Teutonicus" (Berlin – Stadt ohne Rechtssystem), abrufbar unter: https://www.cicero.de/innenpolitik/staatsversagen-ach-berlin; im Zusammenhang mit der Klima- und Migrantenpolitik s. Berliner Morgenpost: „Zwei Drittel der Deutschen fürchten laut einer Studie eine Überforderung der Politik und Behörden – und Konflikte durch Zuwanderung", abrufbar unter: https://www.morgenpost.de/politik/article215271745; siehe auch *Schuler*, „Geht's auch 'ne Nummer kleiner?", ZEIT ONLINE, abrufbar unter: https://www.zeit.de/politik/deutschland/2018-05/staatsversagen-rechtsstaat-jens-spahn-alexander-dobrindt-christian-lindner-2/komplettansicht.

2 Vgl. z. B. *Binder*, in: Mez/Weidner, Umweltpolitik und Staatsversagen – Perspektiven und Grenzen der Umweltpolitikanalyse, FS für M. Jänicke zum 60. Geburtstag, 1997, S. 164 ff., 164; *Jänicke*, Staatsversagen, 1986, S. 50 ff.

3 Siehe o. Fn. 2; vgl. ferner *Debiel* (Hrsg.), Der zerbrechliche Frieden. Krisenregionen zwischen Staatsversagen, Gewalt und Entwicklung, 2002; *Kleinewefers*, Staatsversagen, Verwaltungsversagen und New Public Management, Seminar für Wirtschafts- und Sozialpolitik der Universität Freiburg/Schweiz, Freiburg 2000; *Ulrich*, Politische Steuerung, Staatliche Intervention aus systemtheoretischer Sicht, 1994, S. 27 ff.

4 So aber *Käppner*, Die Mär vom Staatsversagen, Süddeutsche Zeitung, abrufbar unter: https://www.sueddeutsche.de/politik/demokratische-kultur-die-maer-vom-staatsversagen-1.3901048.

II. Justiz

„*Wer von Staatsversagen redet, spricht dem Staat in letzter Konsequenz die Legitimität ab – und offenbart insgesamt ein fragwürdiges Politikverständnis*"[5], so ein Zitat aus einem kritischen politikwissenschaftlichen Beitrag, der besagten Begriff noch weitergehend wie folgt versteht[6]:

> „'Versagen' ist ein absolutes Urteil, das kaum Abstufungen zulässt. Wer versagt, der hat nicht einfach Details übersehen oder einzelne Aspekte einer Herausforderung nicht erfüllt, er ist an einer Aufgabe oder einer Erwartung vollständig gescheitert. Wer einem Staat Versagen unterstellt, suggeriert damit also sein Scheitern als Gesamteinrichtung."

Ob der Begriff des „Staatsversagens" tatsächlich ein solches „Scheitern" der Gesamteinrichtung „Staat" suggeriert, muss allerdings bezweifelt werden.

Bezogen auf die Justiz wiederum mit einem Fokus auf Brandenburg und das vorliegend behandelte Thema des effektiven Rechtsschutzes bzw. die hier dargestellte Problematik einer überlangen Verfahrensdauer, wird in Zeiten des Wahlkampfes in Brandenburg von der Opposition aufgrund der unzureichenden Personalausstattung – fehlende Richter und Staatsanwälte – der Regierungskoalition, resp. dem zuständigen Justizminister, „Staatsversagen" vorgeworfen, zugleich mit dem Hinweis, dass dadurch der Rechtsstaat in Gefahr geraten sei.[7]

Die Justiz (Judikative) als eine der drei Staatsgewalten ist – wie die beiden anderen, Legislative und Exekutive – dem Rechtsstaatsprinzip (Art. 20

---

5 *Biazza*, Vokabular für Untertanen, nicht für Bürger, Süddeutsche Zeitung, abrufbar unter: https://www.sueddeutsche.de/kultur/framing-check-staatsversagen-vokabular-fuer-untertanen-nicht-fuer-buerger-1.4110798.

6 Siehe o. Fn. 5.

7 „Verhärtete Fronten im Landtag bei Ausstattung der Justiz", FOCUS-Online, abrufbar unter: https://www.focus.de/regional/potsdam/landtag-verhaertete-fronten-im-landtag-bei-ausstattung-der-justiz_id_10264686.html sowie *Lassivre*, Opposition „Justizminister hat kläglich versagt", Lausitzer Rundschau, abrufbar unter: https://www.lr-online.de/nachrichten/brandenburg/opposition-justizminister-hat-klaeglich-versagt_aid-36502915; zu dem Thema Staatsversagen und Justiz siehe auch *Remme*, „Reaktionen Fall Al-Bakr – die ganze Sache stinkt gen Himmel", Deutschlandfunk, abrufbar unter: https://www.deutschlandfunk.de/reaktionen-fall-al-bakr-die-ganze-sache-stinkt-gen-himmel.1783.de.html?dram:article_id=368498; *Kissler*, „Morbus Teutonicus" (siehe o. Fn. 1); *Marguier*, „Staatsversagen im Kampf gegen Terror – Aus Mangel an Verantwortung", Cicero Online, abrufbar unter: https://www.cicero.de/innenpolitik/terror-staatsversagen-breitscheidplatz-verantwortung-politiker.

Abs. 3 GG) als eines der elementaren Prinzipien des Grundgesetzes[8] verpflichtet. D. h., sie hat Sorge dafür zu tragen, dass die aus dem Rechtsstaat abgeleiteten Gebote – wie z. B. gerade auch das effektive Rechtsschutzgebot – eingehalten bzw. durchgesetzt werden. Gelingt dies *grundsätzlich* nicht (mehr), von Einzelfällen einmal abgesehen, handelt es sich zunächst konkret um ein „Justizversagen". Liegen die Ursachen hierfür aber außerhalb der Risikosphäre der jeweils tätigen Richter und Staatsanwälte, weil ein massiver Personalmangel durch fehlende bzw. nicht ausreichende Zurverfügungstellung einer adäquaten Personalausstattung der „Vollzugsinstitutionen" des Rechtsstaatsprinzips zu konstatieren ist, könnte man durchaus von einem „partiellen Staatsversagen" sprechen, ohne dass gleich die Gesamtinstitution Staat als solche in Frage zu stellen wäre.[9] Gefährdet wird auch nicht das grundgesetzliche Rechtsstaatsprinzip als solches, sondern seine Durchsetzung in einem bestimmten Bereich. Damit aber vorliegend die Durchsetzung des effektiven Rechtsschutzgebots durch die Gerichte erfolgen kann, sind diese wiederum von den zuständigen staatlichen Institutionen mit angemessenen Mitteln, insbesondere angemessenem Personal auszustatten, um ihre rechtsstaatlich vorgegebenen Aufgaben verantwortungsvoll erfüllen zu können. Der Staat ist aber dennoch nicht als „vollständig" gescheitert anzusehen[10], sondern „verweigert" vielmehr die Zurverfügungstellung eines „Instrumentariums", das erforderlich wäre, um vor allem die Gerichte wieder im Sinne des Rechtsstaatsgebots handlungsfähig zu machen. Es liegt also ein „partielles", aber jederzeit „reparables" Staatsversagen vor, das sich insgesamt besser mit „Staatsverweigerung" beschreiben lässt, eine „Verweigerung" gegenüber der Gerichtsbarkeit einerseits und gegenüber dem Bürger als Betroffenem von den Folgen gerichtlicher Arbeitsunfähigkeit aufgrund fehlender Personalressourcen andererseits.

8 Vgl. nur BVerfGE 52, 131, 144; 133, 168 Rn. 55.

9 So aber *Käppner* (o. Fn. 4).

10 *Käppner* ebd.

D. Effektives Rechtsschutzgebot in der polnischen Verwaltungsgerichtsbarkeit

Diana Stypula

I. Effektives Rechtsschutzgebot in der polnischen Verfassung

Die Garantie effektiven Rechtsschutzes, welche den Zugang zu den Gerichten und ein effektives Verfahren für die Geltendmachung rechtlich begründbarer Individualberechtigungen vor Gericht fordert, gehört zu den Grundprinzipien jedes demokratischen Rechtsstaats. In Polen ergibt sich diese vor allem aus dem allgemeinen Justizgewährungsanspruch, welcher in Art. 45 Abs. 1 polnischer Verfassung[1] geregelt ist. Demnach hat jedermann das Recht auf eine gerechte und öffentliche Verhandlung in seiner Sache, welche ohne unbegründete Verzögerung vor dem zuständigen, unabhängigen und unparteiischen Gericht zu erfolgen hat. Die Bestimmung wird zudem durch Art. 77 Abs. 2 VerfRP ergänzt, welcher ein Verbot enthält, den Gerichtsweg für die Verfolgung von verletzten Freiheiten und Rechten durch ein Gesetz zu verschließen. Den Anspruch auf Rechtsschutz durch ein unabhängiges, unparteiisches Gericht und ein gerechtes faires Verfahren sowie auf eine öffentliche und mündliche Verhandlung innerhalb angemessener Frist begründet darüber hinaus Art. 6 der Europäischen Menschenrechtskonvention[2], welche in Polen gem. Art. 91 VerfRP Teil der nationalen Rechtsordnung darstellt und nach geltender Rechtsprechung des polnischen Verfassungsgerichtshofes bei der Auslegung des Art. 45 Abs. 1 VerfRP stets berücksichtigt werden soll.[3]

1 Verfassung der Republik Polen vom 2. April 1997, Dz.U. 1997, Nr. 78, Pos. 483, zuletzt geändert durch das Gesetz vom 7. Mai 2009, Dz.U. 2009, Nr. 114, Pos. 946, weiterhin VerfRP genannt.

2 Konvention zum Schutz der Menschenrechte und Grundfreiheiten vom 4. November 1950, Dz.U. 1993, Nr. 61, Pos. 284, weiterhin EMRK genannt.

3 Der polnische Verfassungsgerichtshof (weiterhin VerfGH genannt), Urteil vom 14. November 2006, SK 41/04, Dz.U. 2006, Nr. 213, Pos. 1569.

1. Garantie des Zugangs zum Gericht

Effektiver Rechtsschutz im verfassungsrechtlichen Sinne umfasst mehrere Elemente. Als Erstes garantiert Art. 45 Abs. 1 VerfRP den Zugang zu den Gerichten, also die Eröffnung des Rechtsweges. Der Anspruch auf wirksamen gerichtlichen Rechtsschutz ist aber auch mit der Garantie eines fairen Verfahrens sowie mit der Garantie verbindlicher gerichtlicher Entscheidung in angemessener Zeit verbunden. Als viertes Element des effektiven Rechtsschutzgebots wird in der Literatur oft das Recht auf Vollziehung der gerichtlichen Entscheidung genannt.[4]

a) Voraussetzungen des Anspruchs aus Art. 45 Abs. 1 VerfRP

Die Eröffnung des Rechtswegs setzt zunächst die Verletzung individueller Rechte voraus. Dabei beschränkt sich Art. 45 Abs. 1 VerfRP nicht nur auf den Schutz der Grundrechte; anwendbar ist er auch bei der Verletzung einfachgesetzlicher Normen.[5] Darüber hinaus ist seine Anwendung ebenfalls bei der Betroffenheit rechtlich geschützter Interessen zulässig.[6] Als Grundrecht, das jedermann zusteht, schützt Art. 45 Abs. 1 VerfRP die Rechte jedes Menschen und zwar unabhängig von seiner Staatsangehörigkeit.[7] Er steht sowohl allen natürlichen und juristischen Personen als auch rechtsfähigen organisatorischen Einheiten ohne Rechtspersönlichkeit zu.[8] Der Anspruch auf die Eröffnung des Rechtswegs zu einem Gericht besteht dabei

---

4 *Sarnecki*, in: Garlicki/Zubik, Konstytucja Rzeczypospolitej Polskiej, Komentarz, tom II, 2016, Art. 45, Rn. 7; *Jabłoński/Jarosz-Żukowska*, Prawa człowieka i systemy ich ochrony. Zarys wykładu, 2010, S. 133.

5 VerfGH, Urteil vom 15. November 2000, P 12/99, OTK 2000, Nr. 7, Pos. 260.

6 *Banaszak*, Prawo konstytucyjne, 2008, S. 500; *Czeszejko-Sochacki*, Prawo do sądu w świetle Konstytucji Rzeczypospolitej Polskiej (Ogólna charakterystyka), PiP 1997, Heft 11-12, S. 89; siehe auch VerfGH, Urteil vom 10. Juli 2000, SK 12/99, OTK 2000, Nr. 5, Pos. 143; so auch das Oberste Gericht Polens (weiterhin OG genannt), Beschluss vom 19. Dezember 2003, III CK 319/03, OSNIC 2005, Nr. 2, Pos. 31, S. 64.

7 *Kubiak*, Konstytucyjna zasada prawa do sądu w świetle orzecznictwa Trybunału Konstytucyjnego, 2006, S. 145.

8 *Zalizowski*, Prawo do sądu na tle Konstytucji Rzeczypospolitej Polskiej w kontekście europejskiej Konwencji o ochronie praw człowieka i podstawowych wolności, in: Kępa/Marszał (Hrsg.), Duch praw w krajach Europy Środkowo-Wschodniej, E-Wydawnictwo. Prawnicza i Ekonomiczna Biblioteka Cyfrowa. Wydział Prawa, Administracji i Ekonomii Uniwersytetu Wrocławskiego, 2016, 13 (22).

sowohl dann, wenn jemand durch die öffentliche Gewalt in seinen Rechten verletzt wird als auch, wenn die Verletzung durch einen anderen Bürger verursacht wird.[9] Art. 45 Abs. 1 VerfRP ermöglicht folglich die gerichtliche Überprüfung zivilrechtlicher, strafrechtlicher sowie verwaltungsrechtlicher Angelegenheiten.[10] Eine reale Rechtsverletzung ist dabei nicht vorausgesetzt. Die Rechtsschutzgarantie entfaltet ihre Wirkung, soweit jemand in seinen Rechten verletzt ist bzw. auch dann, wenn jemand aus Transparenz- bzw. Sicherheitsgründen an gerichtlicher Feststellung seines Rechtsstatus interessiert ist.[11]

Insoweit ist der Schutzbereich des Art. 45 Abs. 1 VerfRP als sehr weit zu verstehen. Der Justizgewährungsanspruch ist nicht von einem Rechtsstreit abhängig; seine Geltendmachung liegt im freien Ermessen des Bürgers.[12] Erwähnenswert ist ebenfalls, dass Art. 45 Abs. 1 VerfRP eine eigenständige Anspruchsgrundlage darstellen kann.[13] Da jedoch der Staat in der Erfüllung seiner Verpflichtung, die grundrechtlichen Güter zu schützen, für den Erlass einfachgesetzlicher Normen verantwortlich ist, ist Art. 45 Abs. 1 VerfRP nur direkt anzuwenden, wenn der Staat keine angemessenen Schutzgesetze bereitstellt bzw. der Gerichtweg im Einzelfall nicht wirksam gewährleistet ist.[14] Die Einschränkung des Justizgewährungsanspruchs aus Art. 45 Abs. 1 VerfRP ist nur dann zulässig, wenn ein Gesetz eine solche Eventualität vorsieht[15] und wenn dies nach dem Grundsatz der Verhältnismäßigkeit für die öffentliche Sicherheit, zum Schutz der öffentlichen Ordnung, der Gesundheit oder der öffentlichen Moral erforderlich ist.[16] Vor-

---

9 VerfGH, Urteil vom 9. Juni 1998, K 28/97, OTK 1998, Nr. 4, Pos. 50.

10 *Pilipiec*, Zasada prawa do sądu w Konstytucji Rzeczypospolitej Polskiej i Konstytucji Federacji Rosyjskiej, Annales UMCS Sectio G, Lublin 2003/2004, 151 (158).

11 *Sarnecki*, op. cit., Art. 45, Rn. 5.

12 *Tkaczyk*, Konstytucyjne prawo do sądu jako jedna z najważniejszych gwarancji praw człowieka w państwie demokratycznym. Aspekt teoretyczny, Studia Prawnicze i Administracyjne 2017, Nr. 20 (2), 39 (44).

13 *Skrzydło*, Konstytucyjny katalog wolności i praw, in: Chmaj/Leszczyński/Skrzydło/Sobczak/Wróbel, Konstytucyjne wolności i prawa w Polsce, tom I – Zasady ogólne, 2002, S. 70.

14 *Pilipiec*, op. cit., 151 (158).

15 Z. B. Ausschluss der Öffentlichkeit der Verhandlung gem. Art. 45 Abs. 2 VerfRP; siehe dazu VerfGH, Urteil vom 12. Dezember 1999, OTK ZU 1999, Nr. 1, S. 21; ausführlich dazu *Łabno*, in: Banaszak/Preisner, Prawa i wolności obywatelskie w Konstytucji RP, 2002, S. 693 ff.

16 Art. 31 Abs. 3 VerfRP.

aussetzung dafür ist aber, dass das Grundrecht in seinem Wesensgehalt nicht angetastet wird.[17]

b) Ausgestaltung des gerichtlichen Rechtsschutzes

Ein effektives Offenstehen des Rechtswegs bedarf der gesetzlichen Ausgestaltung des Gerichtszugangs.[18] Dies setzt voraus, dass der Gesetzgeber Gerichte errichtet und diese entsprechend personell, sachlich und finanziell ausstattet. Der Anspruch auf wirksamen gerichtlichen Rechtsschutz verpflichtet aber auch den Gesetzgeber zum Erlass entsprechender Prozessordnungen, welche den verfassungsrechtlichen Mindestanforderungen genügen und folglich einen gewissen Mindeststandard für den jeweils zu leistenden Rechtsschutz garantieren.[19]

Dem Wortlaut des Art. 45 Abs. 1 VerfRP nach sollen vor allem die zu errichtenden Gerichte unabhängig und unparteiisch sein. Dies wird durch Art. 173 VerfRP gesichert. Danach sind Gerichte und Gerichtshöfe eine eigene und von den anderen Gewalten unabhängige Gewalt. Die Gerichte sind dabei im Lichte der Regelung des Art. 175 VerfRP als staatliche Organe der rechtsprechenden Gewalt zu verstehen. Daraus folgt, dass ausschließlich die Gerichte für die letztverbindliche Klärung der Rechtslage in einem Streitfall zuständig sind.[20]

Auch die Unabhängigkeit der Richter ist in der polnischen Verfassung in besonderer Weise hervorgehoben. Nach Art. 178 Abs. 1 VerfRP sind sie unabhängig und ausschließlich der Verfassung und den Gesetzen unterworfen. Sie haben ihre Tätigkeit unparteiisch in Bezug auf die Verfahrensbeteiligten auszuüben; dabei ist ihre Eigenständigkeit im Verhältnis zur staatlichen Gewalt und zu den übrigen Gerichtsorganen sowie ihre Unabhängigkeit vom politischen Einfluss, insbesondere der politischen Parteien, zu gewährleisten.[21] Dem Schutz der richterlichen Unabhängigkeit

---

17 VerfGH, Urteil vom 8. April 2014, SK 22/11, Dz.U. 2014, Pos. 543; siehe auch das Oberste Verwaltungsgericht Polens (weiterhin OVG genannt), Urteil vom 27. März 2014, II FZ 241/14, veröffentlicht in Legalis.

18 *Pilipiec*, op. cit., 151 (153); siehe auch Art. 176 Abs. 2 VerfRP, wonach der Aufbau und die Zuständigkeiten der Gerichte sowie das Gerichtsverfahren gesetzlich zu regeln sind.

19 *Tkaczyk*, op. cit., 39 (41).

20 *Winczorek*, Komentarz do Konstytucji Rzeczypospolitej Polskiej z dnia 2 kwietnia 1997 r., 2008, S. 110.

21 *Banaszak/Milej*, Polnisches Staatsrecht, 2009, Rn. 375 ff. m. w. N.; siehe auch VerfGH, Urteil vom 15. Januar 2009, K 45/07, Dz.U. 2009, Nr. 9, Pos. 57.

dient auch ein spezielles Organ – der Landesrat für Gerichtwesen (*Krajowa Rada Sądownictwa*). Soweit Normativakte die Unabhängigkeit der Gerichte oder der Richter berühren, kann der Rat beim Verfassungsgerichtshof die Überprüfung ihrer Verfassungsmäßigkeit beantragen.[22]

2. *Garantie eines fairen Verfahrens*

Neben dem Zugang zum Gericht garantiert das Gebot effektiven Rechtsschutzes die Prüfung des Streitbegehrens in einem fairen Verfahren. Dies setzt, wie oben erwähnt, die gesetzliche Normierung erforderlicher Prozessordnungen und im Rahmen dieser die Tätigkeit sachlich und persönlich unabhängiger Richter voraus.[23] In der Prozessordnung ist vor allem die Frage der Zuständigkeit zu regeln. Es muss sichergestellt werden, dass bei jeder Verletzung der Rechte und Pflichten dem Bürger ein Rechtsweg eröffnet wird; es muss auch festgelegt werden, welches Gericht im Einzelfall rechtlich zu hoheitlichem Handeln ermächtigt ist.[24]

Ein faires Verfahren im Sinne des Art. 45 Abs. 1 VerRP setzt ebenfalls eine gerechte und öffentliche Verhandlung in der Sache voraus. Nach der Rechtsprechung des VerfGH ist wesentlich für eine gerechte Verhandlung vor allem der Anspruch auf rechtliches Gehör, welcher dem Betroffenen das Recht auf aktive Teilnahme am Verfahren als mit eigenen Rechten ausgestattete Partei sowie auf Beiziehung eines frei gewählten Beistandes gewährleistet. Weiterhin ist auch das Recht auf Verteidigung von enormer Bedeutung, welches dem Betroffenen garantiert, zur Wahrung seiner Rechte auf den Gang und das Ergebnis des Verfahrens Einfluss zu nehmen. Gewährleistet sollten auch die Transparenz des Verfahrens sowie die „Vorhersehbarkeit" von Gerichtsentscheidungen sein.[25] Zu einem fairen Verfahren zählt zudem die Öffentlichkeit der Gerichtsverhandlung und der Urteilsverkündung.[26]

---

22 Art. 186 VerfRP.

23 *Tkaczyk*, op. cit., 39 (41); *Sarnecki*, op. cit., Art. 45, Rn. 10. Ausführlich zum Thema richterliche Unabhängigkeit *Banaszak/Milej*, op. cit., Rn. 375 ff.

24 *Tkaczyk*, op. cit., 39 (41).

25 VerfGH, Urteil vom 31. März 2005, SK 26/02, OTK ZU Nr. 3/A/2005, Pos. 29; VerfGH, Urteil vom 16. Januar 2006, SK 30/05, OTK ZU Nr. 1/A/2006, Pos. 2; VerfGH, Urteil vom 26. Februar 2008, SK 89/06, OTK ZU Nr. 1/a/2008, Pos. 7; VerfGH, Urteil vom 20. Mai 2008, P 18/07, OTK ZU Nr. 4/A/2008, Pos. 61.

26 *Czeszejko-Sochacki*, op. cit., S. 102.

3. Garantie verbindlicher gerichtlicher Entscheidung in angemessener Zeit

Als drittes Element des effektiven Rechtsschutzes ist die Garantie einer verbindlichen gerichtlichen Entscheidung anzusehen. Diese setzt voraus, dass die Gerichte das Streitbegehren bzw. den Status der Betroffenen in rechtlicher und tatsächlicher Hinsicht vollständig überprüfen und in der Rechtssache eine unabhängige Auffassung gewinnen und diese begründen.[27] Dabei muss die Verhandlung und Entscheidung des Gerichts in angemessener Zeit erfolgen, woraus das Verbot überlanger Verfahrensdauer abzuleiten ist. Was als „angemessene" Zeit zu gelten hat, ergibt sich aus Art. 45 Abs. 1 VerfRP (selbst) nicht. Die Angemessenheit einer Verfahrensdauer ist folglich nach den Umständen jeder einzelnen Rechtssache zu beurteilen. Insbesondere ist dabei die Komplexität der Rechtssache, das Verhalten der Parteien und des zuständigen Gerichts sowie die Tragweite der Gerichtsentscheidung für den Betroffenen zu berücksichtigen.[28]

4. Verfassungsrechtliche Instrumente zur Durchsetzbarkeit von Grundrechten

Als Ergänzung der verfassungsrechtlichen Garantie des gerichtlichen Rechtswegs sind auch weitere Vorschriften der polnischen Verfassung heranzuziehen. Zu diesen gehört vor allem Art. 79 VerRP. Demnach hat jedermann, dessen verfassungsmäßige Freiheiten oder Rechte verletzt worden sind, das Recht, Beschwerde beim Verfassungsgerichtshof einzulegen (*skarga konstytucyjna*). Dies garantiert erstens die Überprüfung der Verfassungsmäßigkeit eines Gesetzes oder eines anderen normativen Aktes, auf dessen Grundlage ein Gericht oder ein Organ der öffentlichen Verwaltung endgültig über die in der Verfassung bestimmten Freiheiten, Rechte oder Pflichten entschieden hat und zweitens die Beseitigung entstandener Rechtsverletzung. Wichtig ist in diesem Kontext auch Art. 77 VerfRP, welcher das Recht auf Kompensation eines Schadens vorsieht, der durch eine rechtswidrige Handlung der Organe der öffentlichen Gewalt entstanden ist, hier vor allem dessen Abs. 2, welcher explizit bestimmt, dass die Geltendmachung von Rechtsverletzungen auf dem Gerichtsweg gesetzlich nicht verboten werden kann. Darüber hinaus gibt es in Polen einen Beauftragten für Bürgerrechte (*Rzecznik Praw Obywatelskich*). Er ist ein Ombuds-

27 *Tkaczyk*, op. cit., 39 (43).

28 *Lasek*, Prawo do rzetelnego procesu sądowego, Helsińska Fundacja Praw Człowieka, S. 2.

mann der polnischen Politik, der auf eigene Initiative hin oder auf die in Art. 80 VerfRP garantierte Anrufungsmöglichkeit von Staatsbürgern tätig wird. Beides dient dem Schutz der in der Verfassung und in anderen Normativakten verankerten Rechte und Freiheiten des Bürgers bzw. Menschen, wenn diese von einem Organ der öffentlichen Gewalt verletzt worden sind.

Als Stärkung der Garantie der Rechtswegeröffnung ist überdies Art. 78 VerfRP anzusehen, welcher das Recht auf Anfechtung der Urteile und Entscheidungen der ersten Instanz enthält[29] und somit als Konkretisierung des verfassungsrechtlich festgelegten Prinzips des Zweiinstanzenzuges des gerichtlichen Verfahrens gem. Art. 176 Abs. 1 VerfRP zu betrachten ist.[30] Art. 79 VerfRP enthält die Rechtsschutzgarantie gegen alle erstinstanzliche Entscheidungen, also sowohl gegen individuelle Akte der vollziehenden Gewalt als auch gegen richterliche Entscheidungen. Somit statuiert Art. 79 VerfRP nicht nur den Schutz *durch* den Richter, sondern auch *gegen* den Richter, wenn durch sein Handeln die gerichtlichen Verfahrensgrundrechte missachtet wurden.[31] Dabei ist Art. 79 VerfRP inhaltlich nicht als „Garant“ des unbegrenzten Instanzenzugangs auszulegen.[32] Er bindet lediglich den Gesetzgeber, in der jeweiligen Prozessordnung zumindest einen Zugang zur Kontrolle der erstinstanzlichen Entscheidung zu eröffnen, welcher zudem nicht von unerfüllbaren bzw. erschwerten Voraussetzungen abhängig gemacht werden darf.[33]

II. Effektiver Rechtsschutz in der polnischen Verwaltungsgerichtsbarkeit

Für den Verwaltungsprozess ergibt sich das Gebot effektiven Rechtsschutzes aus dem allgemeinen Justizgewährungsanspruch gem. Art. 45 Abs. 1 VerfRP in Verbindung mit Art. 6 EMRK. Dabei ist die Verwaltungsgerichtsbarkeit als eine autonome Gerichtsbarkeit durch Art. 175 Abs. 1 Ver-

29 Ausnahmen von dieser Regel sowie die Verfahrensweise regelt das Gesetz, gem. Art. 78 S. 2 VerRP.

30 *Haczkowska*, in: Haczkowska (Hrsg.), Konstytucja Rzeczypospolitej Polskiej, Komentarz, 2014, Art. 78, Rn. 1; siehe auch VerfGH, Urteil vom 10. Juli 2000, SK 12/99, OTK 2000, Nr. 5, Pos. 143.

31 *Banaszak/Milej*, op. cit., Rn. 147.

32 *Garlicki/Wojtyczek*, in: Garlicki (Hrsg.), Konstytucja Rzeczypospolitej Polskiej, Komentarz, tom II, 2016, Art. 78, Rn. 11.

33 *Haczkowska*, op. cit., Art. 78, Rn. 6.

fRP gewährleistet.[34] Die Unabhängigkeit und die Zuständigkeit der Verwaltungsgerichte statuiert dagegen Art. 184 VerfRP. Demnach kontrollieren das Oberste Verwaltungsgericht und die anderen Verwaltungsgerichte die Tätigkeit der öffentlichen Verwaltung in dem durch Gesetz bestimmten Umfang. Diese Kontrolle umfasst – so weiter Art. 184 der Verfassung – auch Entscheidungen über die Gesetzmäßigkeit der Beschlüsse der örtlichen Selbstverwaltungsorgane und der Normativakte der lokalen Organe der Regierungsverwaltung.[35] Die Konkretisierung der verfassungsrechtlichen Bestimmungen erfolgte im Gesetz vom 25. Juli 2002 über die Verwaltungsgerichtsverfassung[36] sowie im Gesetz vom 30. August 2002 über das Verfahren vor den Verwaltungsgerichten[37], welche die Organisation, die Zuständigkeiten und das Verfahren der Verwaltungsgerichtsbarkeit im Wesentlichen erschöpfend regeln.[38]

1. *Gesetzliche Ausgestaltung des Verwaltungsrechtswegs*

a) Umfang der verwaltungsgerichtlichen Kontrolle

Die polnischen Verwaltungsgerichte sind folglich vor allem für die Kontrolle staatlicher Verwaltungstätigkeit zuständig[39], wobei der Verwaltungsrechtsweg auch in öffentlich-rechtlichen Streitigkeiten in dem im Art. 4 VwGO bestimmten Umfang gegeben ist.[40] Soweit gesetzlich nichts anderes bestimmt, ist demnach die Verwaltungsrechtsprechung durch andere Ge-

---

34 Nach Art. 175 Abs. 1 VerfRP üben die Rechtsprechung in der Republik Polen das Oberste Gericht, ordentliche Gerichte, Verwaltungs- und Militärgerichte aus. Dabei üben die ordentlichen Gerichte die Rechtsprechung in allen Angelegenheiten aus, es sei denn, bestimmte Angelegenheiten sind gesetzlich der Zuständigkeit anderer Gerichte vorbehalten, vgl. Art. 177 VerfRP.

35 Art. 184 S. 2 VerfRP.

36 Dz.U. 2002, Nr. 153, Pos. 1269, zuletzt geändert durch das Gesetz vom 14. Dezember 2018, Dz.U. 2019, Pos. 125, weiterhin VwGV genannt.

37 Dz.U. 2002, Nr. 153, Pos. 1270, zuletzt geändert durch das Gesetz vom 9. November 2018, Dz.U. 2019, Pos. 11, weiterhin VwGO genannt.

38 Zu berücksichtigen sind noch die Bestimmungen, die aufgrund der in beiden Gesetzen vorgesehenen Ermächtigungen erlassen worden sind.

39 Art. 1 VwGO i. V. m. Art. 3 § 1 VwGO.

40 Zu Ausnahmen dazu siehe Art. 5 VwGO.

richte bzw. Verwaltungsorgane ausgeschlossen.[41] Die gesetzlich vorgesehenen Kompetenzbereiche der Verwaltungsgerichte sind dabei breit angelegt, sodass die effektive Kontrolle der Verwaltungsentscheidungen möglich und der Anspruch der Bürger auf wirksamen und umfassenden Rechtsschutz gewährleistet ist.[42] Art. 3 VwGO beinhaltet eine Art Generalklausel, welche alle Formen des Verwaltungshandelns nennt, die der verwaltungsrechtlichen Kontrolle unterliegen. Der in seinen Rechten betroffene Bürger kann demnach nicht nur gegen alle Verwaltungsakte vorgehen[43], zulässig sind auch Klagen gegen jegliche im Verwaltungsverfahren erlassene Beschlüsse, sofern gegen diese Beschwerde eingelegt werden kann, diese das Verwaltungsverfahren beenden bzw. den Fall im Wesentlichen entscheiden.[44] Eine Klage kann auch gegen die im Vollstreckungs- und Sicherstellungsverfahren erlassenen Beschlüsse erhoben werden, sofern diese anfechtbar sind, sowie gegen alle anderen Akte und Handlungen im Bereich der öffentlichen Verwaltung, die sich auf die aus den Rechtsvorschriften resultierenden Rechte und Pflichten beziehen, beispielsweise auch gegen schriftliche Stellungsnahmen der Finanzbehörden über die Anwendung der gesetzlichen Steuervorschriften in einem individuellen Fall.[45] Der Kontrolle unterliegen weiterhin die lokalen Rechtsakte der Organe der territorialen Selbstverwaltung und der territorialen Organe der Regierungsverwaltung sowie andere Akte dieser Organe, sofern diese in Angelegenheiten der öffentlichen Verwaltung erlassen werden, ebenso die im Rahmen der Aufsicht über die Selbstverwaltungsorgane erlassene Akte.[46]

Im Hinblick auf den Anspruch der Bürger auf effektiven Rechtsschutz in der Gestalt angemessener Verfahrensförderung kommt eine besondere Rolle den in Art. 3 § 2 Nr. 8 und 9 VwGO vorgesehenen Klagen gegen eine Untätigkeit der Verwaltungsorgane sowie gegen die zeitliche Langwierigkeit des Verwaltungsverfahrens zu. Diese resultieren aus dem im Art. 45 Abs. 1 VerfRP verankerten Grundsatz des zügigen Handels der Staatsorga-

41 *Garlicki*, in: Garlicki (Hrsg.), Konstytucja Rzeczypospolitej Polskiej, Komentarz, tom IV, Art. 184, S. 7. Zu Ausnahmen siehe *Leibrandt/Bulicz*, in: Schneider (Hrsg.), Verwaltungsrecht in Europa, 2009, S. 336 ff.

42 *Haczkowska*, op. cit., Art. 184, Rn. 1.

43 Zur Anfechtung eines aufgrund Art. 138 § 2 VwVfG erlassenen Verwaltungsaktes siehe Art. 64a ff. VwGO.

44 Zu beachten ist dabei das Urteil des VerfGH vom 20. Dezember 2017, SK 37/15, Dz.U. 2017, Pos. 2451.

45 Art. 3 § 2 Nr. 1-4a VwGO.

46 Art. 3 § 2 Nr. 5-7 VwGO. Weitere Kompetenzen sind in § 2 Nr. 8-9, § 2a und § 3 des Art. 3 VwGO genannt. Ausnahmen von der umfassenden Zuständigkeit des Verwaltungsgerichts nennt Art. 5 VwGO.

ne, welcher sich in Art. 12 des Verwaltungsverfahrensgesetzes[47] widerspiegelt. Dementsprechend sollen die Organe der öffentlichen Verwaltung in der konkreten Verwaltungssache gründlich und zügig handeln, indem sie sich zu ihrer Erledigung möglichst einfacher Mittel bedienen. Die Konkretisierung der Fristen für eine Sacherledigung erfolgt in Art. 35 VwVfG. Danach sind unverzüglich diejenigen Verwaltungssachen zu erledigen, die das Sammeln von Beweismitteln oder anderer Informationen nicht bedürfen, weil diese z. B. durch eine Partei zusammen mit dem Antrag auf Verfahrenseinleitung vorgelegt wurden oder die Sache anhand der Tatsachen, die allgemein oder dem das Verfahren durchführenden Organ von Amts wegen bekannt sind, entschieden werden kann.[48] Dagegen hat die Erledigung einer Verwaltungssache, die ein Ermittlungsverfahren erfordert, nicht später als innerhalb eines Monats und die einer besonders komplizierten Sache innerhalb von zwei Monaten zu erfolgen.[49] Auch im Widerspruchsverfahren ist binnen eines Monats zu entscheiden.[50] Die Nichterledigung einer Sache innerhalb der gesetzlich genannten Fristen stellt die Grundlage zur Erhebung einer Klage wegen Untätigkeit der Verwaltungsbehörde dar. Die unangemessen lange Verfahrensdauer, welche angenommen wird, wenn die Behörde zwar tätig, aber nicht effektiv genug ist und das Verwaltungsverfahren länger dauert als es nötig ist, um in der Verwaltungssache zu entscheiden[51], begründet dagegen die Klage wegen einer überlangen Verwaltungsverfahrensdauer. Beide Klagen sind an keine Fristen gebunden. Ihre Erhebung ist jederzeit bis zum Zeitpunkt der Sacherledigung möglich.[52] Die Voraussetzung für beide Klagen ist jedoch eine vorherige Auf-

---

47 Dz.U. 1960, Nr. 30, Pos. 168, in der Fassung der Bekanntmachung vom 3. Oktober 2018, Dz.U. 2018, Pos. 2096, zuletzt geändert durch das Gesetz vom 21. Februar 2019, Dz.U. 2019, Pos. 730, weiterhin VwVfG.

48 Art. 35 § 2 VwVfG.

49 Art. 35 § 3 VwVfG.

50 Art. 35 § 3 *in fine* VwVfG. In besonderen Gesetze können andere Fristen der Sacherledigung vorgesehen werden. Zur Fristen der Bearbeitung einer Verwaltungssache durch die Verwaltungsbehörde siehe auch *Łaszczyca,* Milczenie organu w świetle kodeksu postępowania administracyjnego, PiP 1999, Nr. 1, 51 (55 f.).

51 *Drachal/Jagielski/Stankiewicz*, in: Hauser/Wierzbowski (Hrsg.), Prawo przed sądami administracyjnymi, Komentarz, 2017, Art. 3, Rn. 78.

52 *Jagielska/Wiktorowska/Wajda*, in: Hauser/Wierzbowski (Hrsg.), op. cit., Art. 54, Rn. 5.

forderung zur Sacherledigung (sog. *ponaglenie*) bei dem Verwaltungsorgan höherer Instanz.[53]

Aus Sicht des (effektiven) Rechtsschutzes wichtig zu erwähnen ist, dass die Erhebung einer Klage vor dem Verwaltungsgericht erster Instanz prinzipiell keine aufschiebende Wirkung hat.[54] Der Schutz gegen vorläufige Rechtsnachteile wird nach der VwGO nur ausnahmsweise gewährleistet. Über die Aussetzung der Vollziehung eines Verwaltungsaktes kann das Verwaltungsorgan entscheiden, welches die angefochtene Entscheidung erlassen hat und zwar von Amts wegen oder auf Antrag des Klägers. Die Voraussetzung dafür ist jedoch, dass die sofortige Vollziehung des Verwaltungsaktes nicht angeordnet ist bzw. die Aussetzung der Vollziehung gesetzlich nicht ausgeschlossen ist.[55] Nach Vorlage der Klage beim Verwaltungsgericht kann auch dieses die Vollziehung der Verwaltungsentscheidung von Amts wegen oder auf Antrag des Klägers aussetzen, wenn die Gefahr eines erheblichen Schadenseintritts besteht oder die Vollziehung schwer zu widerrufende Folgen nach sich gezogen hätte.[56]

b) Grundsatz des zweiinstanziellen Verwaltungsgerichtsverfahrens als Garantie des effektiven Verwaltungsrechtsweges

Zu der Effizienz des Rechtsschutzes und der Wahrung der Rechte der Bürger trägt zudem die Tatsache bei, dass die Verwaltungsgerichtsbarkeit in Polen grundsätzlich aus zwei Instanzen besteht.[57] Auf diese Art und Weise wird die Überprüfung der in erster Instanz ergangenen gerichtlichen Entscheidung gewährleistet und die Kontrolle über die Tätigkeit der Verwaltungsgerichte statuiert. Erstinstanzlich sind in Polen die Woiwodschaftsverwaltungsgerichte (WVG) und in zweiter Instanz das Oberste Verwaltungs-

---

53 Art. 37 § 1 Pkt. 1 VwVfG. Sollte es kein Organ höherer Instanz geben, so ist die Aufforderung bei der für die Sachentscheidung zuständigen Behörde zu stellen, Art. 37 § 3 VwVfG.

54 Gem. Art. 61 § 1 VwGO.

55 Art. 61 § 2 Nr. 1. Gleiches gilt für die Aussetzung der Vollziehung anderweitiger Akte der öffentlichen Verwaltung sowie für die Beschlüsse der Organe der Regierungsverwaltung und der kommunalen Selbstverwaltung, vgl. Art. 61 § 2 Nr. 2 und 3 VwGO.

56 Art. 61 § 3 VwGO.

57 Ab dem 1. Januar 2004, gem. Art. 1 und Art. 2 des Einführungsgesetzes vom 30. August 2002 zum Gesetz über die Verwaltungsgerichtsverfassung und zum Gesetz über das Verfahren vor den Verwaltungsgerichten, Dz.U. 2002, Nr. 153, Pos. 1271.

gericht (OVG) tätig. Nach Art. 13 § 1 VwGO sind die WVG für alle Verwaltungsangelegenheiten zuständig, die nicht in die ausschließliche Zuständigkeit des OVG fallen.

Das OVG ist gem. Art. 15 § 1 Pkt. 1 VwGO vor allem ein Rechtsmittelgericht gegen die Entscheidungen der WVG. Überdies hat es die abstrakte Entscheidungsbefugnis. Zur Wahrung der Einheitlichkeit der Rechtsprechung ist es zuständig, Beschlüsse zu erfassen, welche die Klarstellung von Rechtsvorschriften bezwecken, wenn ihre Anwendung zu unterschiedlicher Rechtsprechung der einzelnen Verwaltungsgerichte führt. Das OVG ist ebenso befugt, Beschlüsse in den Rechtsfragen zu erfassen, die in einer konkreten Verwaltungsangelegenheit ernsthafte Zweifel hervorgerufen haben.[58] Ferner entscheidet das OVG über Klagen auf Feststellung der Rechtswidrigkeit einer rechtskräftigen Entscheidung des WVG, wenn durch diese dem Kläger ein Schaden zugefügt wurde und die Änderung bzw. Aufhebung der Entscheidung im Wege anderer Rechtsmittel nicht möglich ist.[59] Dem OVG steht auch zu, eine rechtskräftige Entscheidung des WVG als nichtig zu erklären, wenn in der Sache der Verwaltungsrechtsweg ausgeschlossen war.[60] Es ist auch das für gerichtliche Disziplinarverfahren gegen Richter zuständige Gericht.[61]

c) Gesetzmäßigkeit als Prüfungsmaßstab der verwaltungsgerichtlichen Kontrolle

Den Prüfungsmaßstab der verwaltungsgerichtlichen Kontrolle bildet ausschließlich die Gesetzmäßigkeit des streitigen Aktes bzw. der Tätigkeit oder Untätigkeit des Verwaltungsorgans.[62] Dies ergibt sich direkt aus Art. 1 § 2 VwGV.[63] Die Verwaltungsgerichte sind ergo nicht befugt, die angefochtenen Akte und Tätigkeiten der Verwaltungsorgane inhaltlich zu kontrollieren und in der Sache zu entscheiden, was im Endeffekt die endgültige Entscheidung in der Sache hinauszögert und die Effektivität des Rechtsschut-

58 *Drachal/Wiktorowska/Wajda*, in: Hauser/Wierzbowski (Hrsg.), op. cit., Art. 15, Rn. 4.

59 Art. 285a-285l VwGO.

60 Art. 172 VwGO.

61 Art. 9 VwGV i. V. m. Art. 48 VwGV.

62 *Banaszak/Milej*, op. cit., Rn. 397; zum Umfang der gerichtlichen Kontrolle im Falle eines Widerspruchs nach Art. 64a VwGO siehe WVG Kraków, Urteil vom 1. April 2019, WSA/Kr 66/19, LEX Nr. 2647421.

63 Ausnahmen sind gesetzlich zulässig, siehe Art. 1 § 2 Hs. 2 VwGV.

zes beeinträchtigt. Dem polnischen Konzept der Verwaltungsgerichtsbarkeit nach liegt die bindende Tatsachenfeststellung exklusiv bei den Verwaltungsbehörden, nicht bei den Verwaltungsgerichten.[64] Das Verwaltungsgericht entscheidet folglich anhand der in der konkreten Angelegenheit im Laufe des Verwaltungsverfahrens gesammelten Akte unter Berücksichtigung der zum Zeitpunkt des angefochtenen Verwaltungshandelns bestehenden Sach- und Rechtslage.[65] Von Amts wegen kann es ausschließlich die offenkundig bekannten Tatsachen berücksichtigen und ausnahmsweise ergänzende Beweise zulassen, jedoch nur dann, wenn dies notwendig ist, um die Zweifel in der Sache auszuräumen, vorausgesetzt, dass dies keine unnötige Verlängerung des Gerichtsverfahrens nach sich zieht.[66] Die gerichtliche Kontrolle umfasst dabei die Überprüfung der materiellen Rechtmäßigkeit des Aktes bzw. der Tätigkeit oder Untätigkeit des Verwaltungsorgans, der Einhaltung der geltenden Verfahrensvorschriften beim Erlass des Aktes sowie der Einhaltung der Zuständigkeitsregeln.[67]

Bei der Überprüfung der Rechtmäßigkeit einer Verwaltungsentscheidung bzw. eines Verwaltungshandelns ist das WVG jedoch nicht an die inhaltlichen Grenzen der Klageschrift gebunden. Nach Art. 134 VwGO sind weder die Klagevorwürfe noch die Klageanträge und die genannte Rechtsgrundlage bindend; ggf. ist das Gericht sogar verpflichtet, über die Anträge des Klägers hinaus zu entscheiden.[68] Das WVG kann jedoch kein Urteil zu Ungunsten des Klägers erlassen (*reformatio in peius*). Sollte folglich das Gericht zur Feststellung kommen, dass der angefochtene Verwaltungsakt zwar nicht rechtmäßig ist, der nach der gerichtlichen Aufhebung neu zu erlassende Verwaltungsakt jedoch für den Kläger ungünstiger als der angefochtene wäre, so wird das Gericht der Klage nicht stattgeben. Das Gericht ist dennoch zur Wahrung der objektiven Rechtsordnung verpflichtet, muss also der Klage stattgeben, selbst wenn sich dadurch die Rechtslage des Klä-

---

64 Ausführlich *Banaszak/Wygoda*, Funkcjonowanie sądownictwa administracyjnego w Polsce w zde-rzeniu z problemami współczesności – wybrane zagadnienia, Studia Iuridica Lublinensia 2014, Nr. 22, 166 (176).

65 *Górecki/Jabłoński*, in: Wieser/Stolz (Hrsg.), Vergleichendes Verwaltungsrecht in Osteuropa, 2004, S. 434 f.

66 Art. 106 § 3 und 4 VwGO. Dabei kann es sich ausschließlich um die Beweise anhand der Unterlagen handeln. Zeugenaussagen sind im verwaltungsgerichtlichen Verfahren nicht zulässig, siehe *Banaszak/Wygoda*, op. cit., 166 (177).

67 OVG, Urteil vom 23. September 2010, II GSK 812/09, Lex Nr. 746246.

68 Zu den Grenzen des Erkenntnisverfahrens und zum Umfang der Kontrolle siehe *Górecki/Jabłoński*, in: Wieser/Stolz (Hrsg.), op. cit., S. 435 ff.; *Jagielski/Jagielska/Stankiewicz/Grzywacz*, in: Hauser/Wierzbowski (Hrsg.), op. cit., Art. 134, Rn. 1 ff. Siehe auch Art. 135 VwGO.

gers verschlechtern sollte (Ausnahme vom Grundsatz der *reformatio in peius*), wenn es zur Feststellung kommt, dass der angefochtene Verwaltungsakt nichtig ist.[69]

Auch das OVG als Berufungsgericht für erstinstanzliche Urteile des WVG beschäftigt sich ausschließlich mit Fragen, die mit der konkreten Rechtsanwendung verbunden sind. Es kontrolliert die Urteile der WVG im Hinblick auf die mögliche Verletzung des materiellen Rechts bzw. der Verfahrensvorschriften durch das Gericht erster Instanz. Dabei ist es an den Klageinhalt gebunden. Von Amts wegen hat es aber die Nichtigkeit des Verfahrens zu berücksichtigen.[70]

d) Kassatorischer Charakter der Entscheidungen der Verwaltungsgerichte und eventuelle Ausnahmen als Instrument der Verfahrensökonomik

Die Begrenzung der verwaltungsgerichtlichen Kontrolle auf die Überprüfung der Rechtmäßigkeit eines Aktes oder einer Tätigkeit bzw. der Untätigkeit des Verwaltungsorgans hat zur Folge, dass die Entscheidungen der Verwaltungsgerichte lediglich einen kassatorischen Charakter haben. Die Verwaltungsgerichte sind grundsätzlich nicht befugt, in der Sache selbst zu entscheiden.[71] Gibt das Gericht also der Klage statt, so hebt das WVG als Verwaltungsgericht der ersten Instanz einen Verwaltungsakt oder einen Beschluss ganz oder teilweise auf, wenn es eine Verletzung des materiellen Rechts feststellt, welche wesentlichen Einfluss auf die Sachentscheidung hatte, desgleichen, wenn eine Rechtsverletzung vorliegt, die ein Grund für die Wiederaufnahme des Verwaltungsverfahrens darstellt oder wenn das Gericht eine andere Verletzung der Verfahrensvorschriften feststellt, welche die Sachentscheidung wesentlich beeinflussen konnte.[72] Sollten weiterhin die Voraussetzungen des Art. 156 VwVfG vorliegen, so stellt das WVG die Nichtigkeit des Verwaltungsaktes oder des Beschlusses fest und wenn die im VwVfG oder anderen Gesetzen genannten Gründe gegeben sind, so stellt es die Verletzung der Rechtsvorschriften beim Erlass des Verwaltungs-

69 Art. 134 § 2 VwGO.

70 Art. 183 § 1 VwGO. Die Gründe der Nichtigkeit nennt dagegen Art. 183 § 2 VwGO.

71 „Die Verwaltungsgerichtbarkeit soll keineswegs die Verwaltung in ihrer Tätigkeit ersetzen, sondern die Übereinstimmung der Verwaltungsakte mit dem Gesetz überprüfen“, vgl. *Hauser*, WiRO 2000, 124 (127).

72 Art. 145 § 1 Nr. 1 VwGO.

aktes bzw. des Beschlusses fest.[73] In allen Fällen wird die Verwaltungssache zur erneuten Prüfung und Entscheidung an die zuständige Verwaltungsbehörde zurückgegeben, wodurch sich das Verfahren in die Länge zieht.

Ebenso bei Klagen wegen Untätigkeit der Verwaltungsbehörde bzw. Langwierigkeit des Verwaltungsverfahrens ist das WVG lediglich befugt, das zuständige Organ zu verpflichten, binnen bestimmter Frist ein Verwaltungsakt bzw. eine Interpretation der streitigen Vorschrift zu erlassen, eine bestimmte Handlung vorzunehmen bzw. eine bestimmte Berechtigung oder Verpflichtung festzustellen oder anzuerkennen.[74] Dem WVG steht nicht das Recht zu, selbst sachlich zu entscheiden. Das WVG kann aber von Amts wegen oder auf Antrag des Klägers über das für die Sachentscheidung zuständige Organ eine Geldstrafe verhängen.[75]

Auch die Befugnisse des OVG beschränken sich grundsätzlich auf kassatorische Entscheidungen.[76] Das OVG weist die Klage ab, wenn ihr keine sog. gerechtfertigten Gründe zugrunde liegen oder die angefochtene Entscheidung trotz fehlerhafter Begründung rechtmäßig ist.[77] Ansonsten hebt es die angefochtene Entscheidung des WVG auf und verweist die Sache zur erneuten Prüfung an das WVG zurück.[78]

Eine Ausnahme vom kassatorischen Charakter der verwaltungsgerichtlichen Entscheidungen und gleichzeitig ein Instrument der Beschleunigung der Sachentscheidung stellt der 2015 eingeführte Art. 145a VwGO dar.[79] Sollte demnach das WVG einen Verwaltungsakt bzw. ein Beschluss im Hinblick auf die festgestellte Verletzung des materiellen Rechts aufheben bzw. die Nichtigkeit des Verwaltungsaktes oder des Beschlusses feststellen, so ist es gleichzeitig befugt, die zuständige Verwaltungsbehörde zum Erlass des Verwaltungsaktes oder Beschlusses und zwar bestimmten Inhalts in einer bestimmten Frist zu verpflichten, wenn die Umstände des Falles es begründen, es sei denn, die bevorstehende Entscheidung liegt im Ermes-

73 Art. 145 § 1 Nr. 2 und 3 VwGO. Zu Entscheidungen betreffend andere berechtigende oder verpflichtende Verwaltungsakte und Handlungen der öffentlichen Verwaltung siehe Art. 146 VwGO; zu Entscheidungen betreffend Akte des lokalen Rechts siehe Art. 147 VwGO; zu Entscheidungen betreffend Aufsichtsakte siehe Art. 148 VwGO.

74 Art. 149 § 1 VwGO.

75 Art. 149 § 2 VwGO.

76 Eine Ausnahme bildet Art. 188 VwGO.

77 Art. 184 VwGO.

78 Art. 185 § 1 VwGO. Bezüglich der Beschwerden gegen Beschlüsse des WVG siehe Art. 194-198 VwGO.

79 Die Regelung wurde eingeführt aufgrund des Gesetzes vom 9. Mai 2015 über die Änderung der Verwaltungsgerichtsordnung, Dz.U. 2015, Pos. 658.

sen der Behörde. Sollte die Verwaltungsbehörde die Verwaltungsstreitsache in der genannten Frist nicht entscheiden, so kann der Betroffene eine Klage auf die Feststellung des Bestehens bzw. Nichtbestehens einer Berechtigung oder Verpflichtung erheben. Wenn die Umstände des Falles dies erlauben, kann das Verwaltungsgericht in einem solchen Fall in der Sache selbst entscheiden. Gleichzeitig darf das Gericht von Amts wegen oder auf Antrag des Klägers über das für die Sachentscheidung zuständige Organ eine Geldstrafe verhängen.[80]

Eine weitere Ausnahme vom kassatorischen Charakter der verwaltungsgerichtlichen Entscheidungen, welche im Hinblick auf die effektive Wirksamkeit und Beschleunigung des Verwaltungsgerichtsverfahrens sowie der Verfahrensökonomik im Jahr 2015 in die VwGO eingeführt wurde, nennt Art. 145 § 3 VwGO. Demgemäß ist das WVG befugt, indem es den angefochtenen Verwaltungsakt oder Beschluss aufhebt bzw. für nichtig erklärt und gleichzeitig die Voraussetzungen für die Einstellung des Verwaltungsverfahrens feststellt, die Entscheidung des zuständigen Organs zu ersetzen und das Verwaltungsverfahren selbst einzustellen.

Im Kontext des effektiven Rechtsschutzes zu erwähnen ist auch die im Jahr 2015 novellierte Vorschrift des Art. 188 VwGO, welche dem OVG die Befugnis einräumt, in Ausnahmefällen ein reformatorisches Urteil zu erlassen. Dies ist der Fall, wenn das OVG der Klage stattgibt, die angefochtene Entscheidung aufhebt und gleichzeitig zur Feststellung gelangt, dass die Sache im Wesentlichen geklärt und entscheidungsreif ist.[81]

2. *Rechtsmittel im Verwaltungsgerichtsverfahren*

a) Kassationsklage und Beschwerde

Gegen die Entscheidungen der WVG stehen dem Kläger folgende Rechtsmittel zu: die Kassationsklage gegen ein Urteil oder einen Endbeschluss des WVG[82] und eine Beschwerde gegen einzelne Beschlüsse des WVG[83]. Die Kassationsklage, welche nach der Erschöpfung des Rechtsweges zuläs-

80 Art. 145a § 3 VwGO.

81 Siehe dazu *Drachal/Wiktorowska/Stankiewicz*, in: Hauser/Wierzbowski (Hrsg.), op. cit., Art. 188, Rn. 1 ff.

82 Art. 173 § 1 VwGO.

83 Art. 194 § 1 VwGO.

sig ist[84], ist begründet bei einer Verletzung des materiellen Rechts durch fehlerhafte Auslegung oder unrichtige Anwendung sowie bei einer Verletzung der Verfahrensvorschriften, wenn diese einen wesentlichen Einfluss auf die Sachentscheidung haben konnte.[85] Im Unterschied zur Klage vor dem WGV, welche die Vollziehung des Verwaltungsaktes nicht hemmt[86], bewirkt die Kassationsklage einen Suspensiveffekt.[87]

b) Klage wegen fehlendem Vollzug eines Urteils

Um die größere Wirksamkeit des Vollzugs gerichtlicher Entscheidungen zu gewährleisten, ist in Art. 154 VwGO eine Klage wegen Nichtvollzugs eines Urteils des WVG durch die Verwaltungsbehörde vorgesehen. Dies gilt für Urteile, die infolge einer Klage wegen Untätigkeit eines Verwaltungsorgans bzw. Langwierigkeit des Verwaltungsverfahrens erlassen wurden. Sollte das WVG ein Verwaltungsorgan zum Erlass eines Verwaltungsaktes bzw. zur Vornahme bestimmter Handlung verpflichten, das verpflichtete Verwaltungsorgan jedoch in der gerichtlich benannten Frist zu keiner sachlichen Entscheidung in der Sache kommt, so steht dem Kläger eine Klage zu, mit der er die Verhängung der Geldstrafe fordern kann.[88] In einem solchen Fall ist das WVG überdies befugt, über Bestehen oder Nichtbestehen bestimmter Berechtigungen oder Verpflichtungen selbst zu entscheiden, sofern Klarheit über die Rechts- und Sachlage besteht. Sollte darüber hinaus der Kläger infolge des Nichtvollzugs des Urteils ein Schaden erlitten haben, so steht ihm subsidiär ein Schadenersatzanspruch auf dem zivilrechtlichen Wege zu.[89] Außerdem kann das WVG das Verwaltungsorgan zur Auszahlung eines bestimmten Geldbetrages zugunsten des Klägers verpflichten.[90] Voraussetzung für die Klageerhebung ist aber eine an das untätige Verwal-

---

84 Zur Klagebefugnis und zu weiteren Zulassungsvoraussetzungen siehe *Leibrandt/Bulicz*, op. cit., S. 345 ff.

85 Art. 174 VwGO.

86 Gem. Art. 61 § 1 VwGO.

87 *Klorek/Leśniak-Niedbalec*, Die Verwaltungsgerichtsbarkeit in Polen, Osteuropa-Recht, Heft 3 – Verwaltungsgerichtsbarkeit in Ostmitteleuropa, 2015, 253 (265).

88 Art. 154 § 1 VwGO.

89 Gem. Art. 417 § 1 und § 2 sowie Art. 417[1] § 3 des polnischen Zivilgesetzbuches vom 23. April 1964, Dz.U. 1964, Nr. 16, Pos. 93, zuletzt geändert durch das Gesetz vom 6. März 2018, Dz.U. 2018, Pos. 650.

90 Gem. Art. 154 § 7 VwGO.

tungsorgan gerichtete schriftliche Aufforderung des Klägers zum Vollzug des Urteils oder zum Erlass eines einschlägigen Aktes.[91]

c) Klage wegen Verletzung des Prinzips des zügigen Verwaltungsgerichtsverfahrens

Die Garantie des effektiven Rechtsschutzes verpflichtet auch die Verwaltungsgerichte zur zügigen Entscheidung in der Sache. Dies ergibt sich aus Art. 7 VwGO. Dementsprechend sollen die Verwaltungsgerichte alle Maßnahmen treffen, die zur schnellen Erledigung der Verwaltungssache beitragen sowie möglichst auf der ersten Sitzung entscheiden.[92] Daraus folgt für das Gericht u. a. die Verpflichtung, die für eine rechtzeitige Entscheidung erforderliche Kommunikation sicherzustellen, die Verhandlungen (Sitzungen) grundsätzlich öffentlich durchzuführen[93], eine Sache im vereinfachten Verfahren zu untersuchen, wenn die angefochtene Entscheidung nichtig oder offensichtlich rechtswidrig ist[94], ein Schlichtungsverfahren zu initiieren[95] bzw. nur in den gesetzlich genannten Fällen eine Sitzung zu vertagen[96], das Verfahren vorläufig einzustellen[97], Urteilsverkündungen zu vertagen[98] usw.[99] Die Verletzung des Art. 7 VwGO kann im Wege einer Kassationsklage im Hinblick auf die Verletzung der Verfahrensvorschriften gem. Art. 174 § 2 VwGO erhoben werden. Voraussetzung dafür ist, dass die Verletzung die Sachentscheidung des WVG beeinflusst hat.[100]

---

91 Art. 154 § 1 VwGO.

92 Ausführlich dazu *Drachal/Jagielski/Gołaszewski*, in: Hauser/Wierzbowski (Hrsg.), op. cit., Art. 7, Rn. 1 ff.

93 Siehe dazu Art. 10 VwGO.

94 Siehe Art. 119 ff. VwGO.

95 Art. 115 ff. VwGO.

96 Art. 99, Art. 109-110 und Art. 186 § 1 VwGO.

97 Art. 125-126 VwGO.

98 Art. 139 § 1 VwGO.

99 Ausführlich *Drachal/Jagielski/Gołaszewski*, in: Hauser/Wierzbowski (Hrsg.), op. cit., Art. 7, Rn. 2. Siehe dazu Art. 10 VwGO.

100 In der Praxis ist die Regelung weniger relevant, weil es schwierig zu beweisen ist, dass die Verletzung des Prinzips des zügigen Verwaltungsgerichtsverfahrens einen Einfluss auf die Sachentscheidung des WVG hatte. Diesbezüglich wird die Verletzung des Art. 7 VwGO eher zusammen mit der Verletzung weiterer Rechtsvorschriften die Kassationsklage begründen, ausführlich dazu *Drachal/Jagielski/Gołaszewski*, in: Hauser/Wierzbowski (Hrsg.), op. cit., Art. 7, Rn. 22.

d) Klage auf Wiederaufnahme des verwaltungsgerichtlichen Verfahrens

Zur Wahrung der Rechte der Betroffenen kann das rechtskräftig beendete verwaltungsgerichtliche Verfahren unter bestimmten in der VwGO genannten Umständen wiederaufgenommen werden. Dies wird beispielsweise der Fall sein, wenn das Verfahren unwirksam war, weil eine Partei nicht parteifähig oder prozessfähig bzw. nicht entsprechend vertreten war oder das Gericht nicht vorschriftsmäßig besetzt war bzw. in der Sache ein kraft Gesetzes ausgeschlossener Richter entschieden hat.[101] Ein Grund für die Wiederaufnahme des Verfahrens ist auch die spätere Entscheidung des VerfGH über die Unvereinbarkeit des Normativaktes mit der Verfassung, einem völkerrechtlichen Vertrag oder einem Gesetz, wenn der Normativakt die Grundlage der WVG-Entscheidung darstellte.[102] Die Notwendigkeit der Wiederaufnahme des Verfahrens kann sich aber auch aus einer Entscheidung eines internationalen Organs ergeben, welches aufgrund eines internationalen durch Polen ratifizierten Vertrages tätig geworden ist.[103]

e) Klage wegen Langwierigkeit des Verfahrens (überlange Verfahrensdauer) vor dem Verwaltungsgericht

Zwecks Beschleunigung des verwaltungsgerichtlichen Verfahrens und der Gewährleistung hinreichenden Rechtsschutzes bei überlangen Gerichtsverfahren wurde im Jahr 2004 in das polnische Rechtssystem eine Klage gegen Verletzung des Rechts auf gerichtliche Entscheidung ohne begründete Verzögerung eingeführt. Dies erfolgte im Wege der Verabschiedung eines Gesetzes über den Rechtsschutz bei überlangen Gerichtsverfahren[104], welches dem im Art. 6 Abs. 1 und im Art. 13 EMRK aufgestellten Erfordernis eines zeitgerechten Rechtsschutzes Rechnung trägt. Das Gesetz ist bei der Verletzung des Rechts auf gerichtliche Entscheidung ohne begründete Verzögerung, welche durch die Tätigkeit bzw. Untätigkeit des Gerichts entstanden

101 Art. 271 VwGO.

102 Art. 272 § 1 VwGO.

103 Art. 272 § 3 VwGO. Weitere Beispiele – Art. 273-274 VwGO.

104 Wortgetreu – Gesetz vom 17. Juni 2004 über Klage wegen Verletzung des Rechts auf Entscheidung in angemessener Frist in einem durch Staatsanwalt geführten bzw. beaufsichtigten Ermittlungsverfahren sowie in einem Gerichtsverfahren, Dz.U. 2004, Nr. 179, Pos. 1843, zuletzt geändert durch das Gesetz vom 30. November 2016, Dz.U. 2016, Pos. 2103, weiterhin ÜGRSchG.

ist, anwendbar. Ebenfalls gilt es bei der Verletzung des Rechts auf Durchführung und Beendigung eines Vollstreckungsverfahrens sowie Erledigung jeder anderen Sache in angemessener Zeit, die die Vollstreckung einer gerichtlichen Entscheidung betrifft.[105] Zentrale Voraussetzung der Klage ist dabei die Langwierigkeit des Gerichtsverfahrens. Das Gesetz nennt hierzu allerdings keine allgemein geltenden Zeitvorgaben. Eine solche Klage ist zulässig, wenn das Gerichtsverfahren länger dauert als es zur Klärung der Sach- und Rechtslage sowie zur Entscheidung in der Sache notwendig ist.[106] Dabei hat eine differenzierende Beurteilung anhand aller Umstände des Einzelfalles zu erfolgen. Vor allem sollen in diesem Zusammenhang Fristen und Richtigkeit der durch das Gericht für die Sachentscheidungsfindung getroffenen Maßnahmen beurteilt werden; weiterhin Charakter und Kompliziertheit der Sache, Bedeutung der Entscheidung für den Kläger und das Verhalten auf Klägerseite. Zudem muss die Gesamtdauer eines Verfahren, auch eine Verzögerung im Instanzenweg, berücksichtigt werden.[107]

Wird der Klage stattgegeben, so wird das zuständige Gericht[108] die Unangemessenheit der Verfahrensdauer feststellen. Sollte der Kläger mit der Klage einen Anspruch auf eine finanzielle Entschädigung erheben, wird dem Kläger eine Entschädigung zugesprochen.[109]

III. Ausblick

Obwohl die Verwaltungsgerichtsbarkeit in Polen und deshalb die Möglichkeit einer gerichtlichen Kontrolle staatlicher Verwaltungstätigkeit erst im Jahr 1980 wiedereingeführt wurde[110], hat sie sich bisher rasch entwickelt und trägt massiv zur Verbesserung der Tätigkeit der Verwaltungsbehörden

105 Art. 1 Abs. 1 und 2 ÜGRSchG.

106 Art. 2 Abs. 1 ÜGRSchG.

107 Art. 2 Abs. 2 ÜGRSchG.

108 In unserem Fall – OVG, gem. Art. 4 Abs. 3 ÜGRSchG.

109 Art. 12 Abs. 1-4 ÜGRSchG. Die Höhe der Entschädigung beträgt mindestens 2.000 PLN, maximal 20.000 PLN, durchschnittlich 500 PLN für jedes Jahr der Verfahrensdauer. Ausführlich zum Thema Klage wegen Langwierigkeit des Verfahrens vor dem Verwaltungsgericht *Stefanicki*, Skarga na przewlekłość postępowania sądowego z perspektywy standardów konstytucyjnego prawa do sądu, Przegląd Sejmowy Nr. 3, 2016, S. 45 ff.

110 Kraft des Gesetzes vom 31. Januar 1980 über das Oberste Verwaltungsgericht sowie die Änderung des Gesetzes – Verwaltungsverfahrensrecht, Dz.U. 1980, Nr. 4, Pos. 8 (aufgehoben). Zur historischen Entwicklung der polnischen Gerichtsbar-

sowie der Vereinheitlichung der Gesetzesauslegung bei. Mit dem Erlass der Verwaltungsgerichtsordnung und der Verwaltungsgerichtsverfassung im Jahr 2002 ist der polnische Gesetzgeber den verfassungsrechtlichen Normierungen nachgekommen und hat eine autonome, unabhängige und zweiinstanzielle Verwaltungsgerichtsbarkeit mit dem Obersten Verwaltungsgericht an der Spitze geschaffen, welche durchaus eine durchgängige Einhaltung europäischer Rechtsschutzstandards und folglich auch einen „substanziellen" Anspruch auf umfassenden, wirksamen und damit effektiven Rechtsschutz der Rechtssuchenden sicherstellt.

Dennoch führt die rasche Entwicklung und vor allem der sich stets erweiternde bzw. der heute sehr weit gefasste Umfang der verwaltungsgerichtlichen Kontrolle zu mehreren Problemen. Als Erstes ist hier die zunehmende Belastung der Verwaltungsgerichte bei gleichzeitigem Finanz- und Personalmangel in den Gerichten zu nennen, welche sich in der Langwierigkeit der Gerichtsverfahren und im stetigen Anwachsen der Rückstände bei zu entscheidenden Verfahren sowie in der daraus resultierenden Inakzeptanz der Betroffenen widerspiegelt.[111] Obwohl die Verfahrensdauer oft von der Belastung eines konkreten Gerichts abhängt[112], muss trotzdem davon ausgegangen werden, dass ein Verfahren vor dem WVG sogar ein Jahr andauern kann und vor dem OVG sogar weitere achtzehn Monate.[113]

Der Gesetzgeber scheint die Problematik erkannt zu haben. Der Skepsis der Bürger sollte vor allem das Gesetz von 2004 über den Rechtsschutz bei überlangen Gerichtsverfahren entgegenwirken.[114] In der Praxis hat sich dieses Regelwerk aber als äußerst ineffektiv erwiesen. So konnte das neue Gesetz kein Vertrauen der Rechtssuchenden gewinnen, denn das OVG er-

---

keit siehe *Hauser/Pietka*, WiRO 1995, 173 (173); auch *Leibrandt/Bulicz*, in: Schneider (Hrsg.), op. cit., S. 330 ff.

111 Siehe Tabellen I und III im Anhang.

112 Die höchste Belastung notiert das WVG in Warschau – die im Jahr 2017 vor diesem Gericht erhobenen Klagen betragen 32,29 % aller Eingänge bei allen WVG, vgl. Jährliche Information über die Tätigkeiten der Verwaltungsgerichte im Jahr 2017; im Jahr 2018 sind es ca. 33,3 % gewesen, vgl. Statistiken WVA, beides abrufbar unter: http://www.nsa.gov.pl. Da die WVG in ca. 30 bis 40 % der Fälle die Steuerbescheide kontrollieren, hängt die Verfahrensdauer auch oft vor der Aktivität der Steuerorgane in den jeweiligen Woiwodschaften ab, siehe *Zalewska*, Na rozpatrzenie sprawy w WSA trzeba czekać rok, Gazeta Prawna vom 5. Mai 2011, abrufbar unter: https://www.gazetaprawna.pl.

113 Bei den hohen Rückständen und der Eingangsverteilung der Klagen kann auch davon ausgegangen werden, dass ca. ein Viertel der Klagen nicht im Eingangsjahr entschieden wird, siehe Tabelle II im Anhang.

114 Siehe Fn. 102.

achtete die entstandene Verzögerung im Einzelfall oft als begründet und wies die Klagen ab.[115] Bei der Beurteilung des Gerichtsverfahrens hat das OVG dabei oft lediglich die Dauer des konkreten Verfahrens vor dem WVG berücksichtigt und nicht – wie es sich aus der Rechtsprechung des EGMR ergibt – die Gesamtdauer von Verfahren, inklusive der Dauer des Verwaltungsverfahrens vor den Verwaltungsbehörden.[116] Im Kontext der Beschleunigung von Gerichtsverfahrens hat sich die im Jahr 2010 – neben der Klage wegen Untätigkeit der Verwaltungsorgane – eingeführte Klage wegen Langwierigkeit des Verfahrens als viel effektiver erwiesen[117] sowie auch der im Jahr 2015 normierte Anspruch auf angemessene Entschädigung bei Untätigkeit der Verwaltungsorgans. Als effektiver Entlastungsfaktor hat sich darüber hinaus die Schiedsgerichtsbarkeit erwiesen.[118]

Die Statistiken zeigen dennoch ein negatives Bild. Obwohl sich die Effektivität der WVG auf einem konstanten Level von ca. 75 % der im jeweils erfassten Jahr erledigten Fälle bewegt und die Anzahl der Rückstände für das nächstfolgende Jahr seit 2015 kontinuierlich rücklaufend ist[119], ist trotzdem in Bezug auf die Effizienz der WVG festzustellen, dass sich die Dauer der Gerichtsverfahren stetig verlängert. In ca. 25 % der Fälle muss auf eine Entscheidung über sechs Monate gewartet werden.[120] Was dagegen die Effektivität und Effizienz des OVG anbelangt, lässt sich nach den Statistiken ebenfalls auf höhere Defizite rückschließen. Während die Anzahl der Rückstände permanent steigt, was auch auf die steigende Anzahl der Eingänge zurückzuführen sein mag, ist insgesamt eine Verlängerung der Gerichtsverfahrensdauer zu verzeichnen. Lediglich 50 % aller Fälle wird noch im Eingangsjahr entschieden, innerhalb von zwei Jahren nur ca.

---

115 Aufgrund des obigen Gesetzes wurden z. B. im Jahr 2010 157 Klagen erhoben, aber nur 5 davon hat das OVG stattgegeben; 2012 sind es 98 Klagen gewesen, davon wurden lediglich 2 positiv berücksichtigt. Die Tendenz ist stabil geblieben: im Jahr 2016 wurden lediglich 4 Klagen von insgesamt 153 und im Jahr 2017 8 Klagen von insgesamt 175 positiv verbeschieden.

116 *Banaszak/Wygoda*, op. cit., 166 (175) m. w. N.

117 Die Klage gegen Untätigkeit der Verwaltungsorgane hat sich in der Praxis als ineffizientes Instrument der Sachentscheidungsbeschleunigung erwiesen. Um den Vorwurf der Untätigkeit zu vermeiden, haben die Verwaltungsorgane während des Verwaltungsverfahrens in großen Zeitabständen verschiedene, für die Erledigung der Sache irrelevante Maßnahmen getroffen. Dadurch sind sie formell „tätig“ und praktisch „straflos“ gewesen.

118 Jährliche Information über die Tätigkeit der Verwaltungsgerichte im Jahr 2017, Rechenschaftsbericht des OVG vom 12. März 2018, S. 20, abrufbar unter: http://www.nsa.gov.pl.

119 Tabelle I im Angang.

120 Tabelle II im Angang.

85 %.[121] Obwohl die Bedeutung eines zeitangemessenen Rechtsschutzes in Polen durchgehend betont wird, wird sich in dieser Hinsicht demnächst auch nicht viel ändern, vor allem nachdem das OVG in einem Urteil bezüglich der angemessenen Dauer eines Verwaltungsgerichtsverfahren feststellte, dass man von einem überlangen Gerichtsverfahren erst dann sprechen könne, wenn dieses länger als 12 Monate dauert.[122]

Den Weg zu einer zeitangemessenen Entscheidung in der Sache stehen im Übrigen auch die sich lediglich auf die Kontrolle staatlicher Verwaltungstätigkeit begrenzten Befugnisse der Verwaltungsgerichte entgegen. Selbst im Falle einer positiven Entscheidung des Verwaltungsgerichts ist diese erst einmal lediglich als Voraussetzung für eine erneute Überprüfung und Entscheidung in der Sache durch die zuständigen Verwaltungsorgane anzusehen. Folge davon ist, dass der Betroffene auf eine endgültige Entscheidung in der angefochtenen Sache lange warten muss. Da darüber hinaus eine Klage vor dem WVG grundsätzlich keine aufschiebende Wirkung hat, ist es durchaus möglich und – vor allem bei Klagen gegen Steuerbescheide, bei welchen oft die sofortige Vollziehung angeordnet ist – sehr wahrscheinlich, dass die nach einem monatelangen Prozess endlich erlassene Endentscheidung des Verwaltungsorgans nicht mehr zur effizienten Wahrung der Rechte der Betroffenen beitragen kann, weil die fehlerhafte Erstentscheidung unwiderrufliche Folgen nach sich gezogen hat.[123] Hätten die Verwaltungsgerichte in der Sache entscheiden können, vor allem wäre das OVG für die umfassende Überprüfung nicht nur der WVG-Urteile, sondern auch des angefochtenen Verwaltungsaktes zuständig und folglich zum Erlass des Endurteils befugt, so wäre eine zügige Entscheidung in der Sache möglich. Die im Jahr 2015 durchgeführte Neuregelung der VwGO, welche den WVG die Befugnis zur Verpflichtung der Verwaltungsbehörde zum Erlass eines Verwaltungsaktes bestimmten Inhalts zusprach sowie die Zulassung der reformatorischen Entscheidungen des OVG vorsah, muss deshalb hier als Meilenstein für die weiteren Reformen der polnischen Verwaltungsgerichtsbarkeit angesehen werden.

Abschließend sei im Kontext des wirksamen Rechtsschutzes auf die Effektivität der in Art. 79 VerfRP vorgesehenen Verfassungsbeschwerde einzugehen. Die Möglichkeit ihrer Erhebung ist definitiv als Instrument einer zusätzlichen Kontrolle verwaltungsgerichtlichen Handelns anzusehen. Als bedenklich erscheinen jedoch die relativ strengen Zulässigkeitsvorausset-

121 Tabelle III im Anhang.
122 OVG, Urteil vom 24. April 2008, I OPP 16/08, veröffentlicht in Legalis.
123 Siehe dazu *Banaszak/Wygoda*, op. cit., 166 (170).

zungen und der eingeschränkte sachliche Anwendungsbereich der Verfassungsbeschwerde. Vor allem die Notwendigkeit der Erschöpfung aller dem Beschwerdeführer zustehenden Rechtsmittel als Beschwerdezulässigkeitsvoraussetzung hat zur Folge, dass in den Fällen, wo das Grundrecht des Individuums unmittelbar durch den Normativakt verletzt ist, also in Situationen, wo kein Umsetzungsakt (Verwaltungsakt, Gerichtsurteil) erforderlich ist, die Beschwerde faktisch ausgeschlossen ist.[124] Die Effektivität des Rechtsschutzes wird auch dadurch geschwächt, dass die Beschwerde ausschließlich gegen Normativakte und nicht gegen Individualentscheidungen der Verwaltungsbehörden, Gerichtsurteile oder wegen Untätigkeit der Staatsorgane zulässig ist. Denn aus der Praxis ergibt sich, dass es in den meisten Fällen nicht zu einer Grundrechtsverletzung aufgrund der Anwendung eines verfassungswidrigen Gesetzes oder eines anderen normativen Aktes kommt, sondern wegen fehlerhafter Auslegung des gerügten Rechtsaktes durch das ihn anwendende Organ. Solche Grundrechtsverletzungen sind aber als Gegenstand der Verfassungsbeschwerde ausgeschlossen.[125]

Darüber hinaus ist darauf hinzuweisen, dass die Entscheidungen des VerfGH für den Kläger lediglich einen „mittelbaren" Charakter haben und nicht zur unmittelbaren Aufhebung des Individualaktes führen.[126] Dies ergibt sich aus Art. 190 Abs. 4 VerfRP. Sollte demnach der VerfGH die Verfassungswidrigkeit eines Normativaktes feststellen, so ist seine Entscheidung zunächst nur als Grundlage für die Wiederaufnahme des Verfahrens bzw. für die Aufhebung der Verwaltungsentscheidung in dem hierfür durch die Rechtsvorschriften vorgesehenen Verfahren anzusehen. Die Aufhebung des Individualaktes setzt dabei das tatsächliche Außerkrafttreten des gerügten Rechtsakts voraus. Dies erfolgt in der Regel am Tag der Verkündung der Entscheidung des VerfGH. Der VerfGH ist jedoch befugt, eine andere Frist zu bestimmen. Ist ein Gesetz betroffen, kann dies sogar bis zu achtzehn Monate dauern.[127]

Der Weg zur endgültigen Entscheidung in der Rechtssache infolge einer Verfassungsbeschwerde gestaltet sich damit als kompliziert und langwierig. Ähnliches lässt sich im Falle eines durch das Verwaltungsgericht initiierten

---

124 *Banaszak/Milej*, op. cit., Rn. 145.

125 *Banaszak/Milej*, op. cit., Rn. 146.

126 *Górecki/Jabłoński*, in: Wieser/Stolz, op. cit., S. 453.

127 Bei anderen Normativakten darf die Frist nicht länger als zwölf Monate betragen. Im Falle eines Urteils, das finanzielle Aufwendungen zur Folge hat, die im Haushaltsgesetz nicht vorgesehenen sind, setzt der Verfassungsgerichtshof die Frist für das Außerkrafttreten des Gesetzes nach Anhörung des Ministerrates fest, gem. Art. 190 Abs. 3 S. 5 VerfRP.

Vorlageverfahrens feststellen. Im Rahmen der effektiven Rechtsschutzthematik und im Lichte der neuesten Justizreformen der nationalkonservativen Regierung Polens, vor allem im Hinblick auf die Entmachtung des VerfGH, wird in Polen auch immer häufiger über die Zulässigkeit der direkten Anwendung der Verfassung[128] durch die Gerichte diskutiert.[129]

---

128 Aufgrund des Art. 8 Abs. 2 VerfRP.

129 Siehe dazu *Gutowski/Kardas*, Palestra 2016, Nr. 4, 5 ff.; *Banaszak/Milej*, op. cit., Rn. 21; *Stelmasik/Fundowicz*, Verwaltungsgerichtsbarkeit und effektiver Rechtsschutz, in: Erbguth/Masing (Hrsg.), Verfassungs- und Verwaltungsgerichtsbarkeit im Mehrebenensystem, 2008, S. 157 ff.

130 Eigene Darstellung i. A. a. Rechenschaftsberichte des OVG (vgl. Jährliche Information über die Tätigkeit der Verwaltungsgerichte im Jahr 2011, 2012, 2013, 2014, 2015, 2016, 2017 und Statistiken der WVG für das Jahr 2018), abrufbar unter: http://www.nsa.gov.pl.

Tabelle I[130] Klagen vor den WVG – Eingänge, Erledigungen und Rückstände

Jahr	Eingänge			Rückstände			Insgesamt zum Erledigen (Eingänge + Rückstände)	Erledigungen			Rückstände für das nächste Jahr
	insgesamt	Darunter		insgesamt	Darunter			insgesamt	darunter		
		Klagen gegen VA bzw. Tätigkeit	Klagen gegen Untätigkeit bzw. Langwierigkeit		Klagen gegen VA bzw. Tätigkeit	Klagen gegen Untätigkeit bzw. Langwierigkeit			Klagen gegen VA bzw. Tätigkeit	Klagen gegen Untätigkeit bzw. Langwierigkeit	
2011	69.851	66.020	3.831	21.267	20.614	653	91.118	69.281 (76,03 %)	65.699	3.582	21.837
2012	72.160	68.006	4.154	21.837	20.935	902	93.997	71.866 (76,46 %)	67.699	4.167	22.132
2013	81.634	75.372	6.262	22.132	21.243	889	103.766	75.696 (72,95 %)	69.975	5.721	28.070
2014	84.162	77.393	6.769	28.069	26.639	1.430	112.231	81.240 (72,39 %)	74.728	6.512	30.991
2015	83.529	77.012	6.517	30.991	29.304	1.687	114.520	81.353 (71,04 %)	74.910	6.443	33.167
2016	76.692	70.095	6.597	33.167	31.406	1.761	109.859	78.992 (71,9 %)	72.502	6.490	30.867
2017	72.426	66.121	6.305	30.867	28.999	1.868	103.293	77.567 (75,09 %)	71.327	6.240	25.537
2018	65.958	60.242	5.716	25.746	23.793	1.953	91.704	69.315 (75,58 %)	62.977	6.338	22.374

Tabelle II[131] *Dauer der Sacherledigung vor dem WVG*

Jahr	Dauer der Sacherledigung		
	Insgesamt erledigt	davon	
		bis zu 3 Monaten	bis zu 6 Monaten
2011	69.281	50,37 %	81,89 %
2012	71.866	49,87 %	81,49 %
2013	75.696	45,54 %	80,90 %
2014	81.240	42,54 %	76,69 %
2015	81.353	40,14 %	72,90 %
2016	78.992	38,27 %	69,67 %
2017	77.756	41,92 %	73,20 %

Tabelle III[132] *Kassationsklagen vor dem OVG – Eingänge, Erledigungen, Dauer des Gerichtsverfahrens*

Jahr	Gesamtzahl der Sachen zur Erledigung (Rückstände + Eingänge)	Erledigt insgesamt				Rückstände
		Zahl	%	Davon		
				innerhalb von 12 Monaten	innerhalb von 24 Monaten	
2010	20.848	10.922	52,4	65,30 %	-	9.926
2011	24.595	11.352	46,16	70,40 %	-	13.243
2012	28.260	12.276	43,44	63,22 %	-	15.984
2013	32.764	13.493	41,18	57,51 %	-	19.271
2014	37.058	14.994	40,46	54,09 %	-	22.064
2015	40.698	14.892	36,59	50,97 %	90,08 %	25.806
2016	44.653	16.829	37,69	46,22 %	86,93 %	27.824
2017	45.570	19.192	42,11	47,87 %	86,03 %	26.378
2018	46.608	18.959	40,68	-	-	27.649

131 Eigene Darstellung i. A. a. Rechenschaftsberichte des OVG (vgl. Jährliche Information über die Tätigkeit der Verwaltungsgerichte im Jahr 2011, 2012, 2013, 2014, 2015, 2016, 2017), abrufbar unter: http://www.nsa.gov.pl.

132 Eigene Darstellung i. A. a. Rechenschaftsberichte des OVG (vgl. Jährliche Information über die Tätigkeit der Verwaltungsgerichte im Jahr 2010, 2011, 2012, 2013, 2014, 2015, 2016, 2017 sowie Statistiken der OVG für das Jahr 2018), abrufbar unter: http://www.nsa.gov.pl.

E. Exkurs: „Lichtblicke“ aus der Arbeits- und Finanzgerichtsbarkeit

Simone Herzberg/Wolfgang Schröder

I. Die relativ günstige Lage der Arbeitsgerichtsbarkeit

Bei den statistischen Daten für die Arbeitsgerichtsbarkeit ist schon angesichts der ersten Grafik[1] auffällig, dass im Zeitraum 1995 bis 2017 sowohl bei den Neuzugängen als auch bei den erledigten Verfahren ein Rückgang von jeweils fast genau 50 % zu verzeichnen war, und zwar bei Arbeits- und den Landesarbeitsgerichten nahezu gleichmäßig in allen Kategorien, bundesweit betrachtet.

1. Geschäftsentwicklung bei den Arbeitsgerichten 2007 bis 2017

Der Bestand unerledigter Verfahren (Urteils- und Beschluss-, ohne Mahnverfahren) zum Jahresende hat sich in der Zeit von 2002 bis 2017 sogar von 217.898 auf 100.615 um fast 54 % reduziert, dies allerdings in einer Wellenbewegung mit Spitzen, aber mit kontinuierlicher Tendenz nach unten.

Zu Jahresbeginn 2017 waren bei den Arbeitsgerichten erster Instanz in Deutschland noch 105.713 Urteilsverfahren und 4.942 Beschlussverfahren anhängig. Bis Jahresende erfolgte eine Reduzierung auf 96.751 Urteilsverfahren und 3.864 Beschlussverfahren.[2] Damit konnten die Arbeitsgerichte die Anzahl der anhängigen Urteilsverfahren und der anhängigen Beschlussverfahren innerhalb eines Jahres erneut reduzieren.

In Brandenburg gab es 2017 zu Jahresbeginn 2.498 anhängige Urteilsverfahren und 85 anhängige Beschlussverfahren. Am Jahresende waren noch 2.372 Urteilsverfahren und 86 Beschlussverfahren anhängig.[3] Brandenburg besitzt 6 Arbeitsgerichte: Brandenburg/Havel, Cottbus, Eberswalde, Frank-

---

1 Statistisches Bundesamt: Arbeitsgerichte, Fachserie 10, Reihe 2.8, 2017, erschienen 2018, S. 12, abrufbar unter: https://www.destatis.de/GPStatistik/receive/DESerie_serie_00000290.

2 A. a. O., S. 16.

3 A. a. O.

furt (Oder), Neuruppin und Potsdam.[4] Die bundesweite Tendenz spiegelt sich somit auch in den Bearbeitungszahlen der Arbeitsgerichte in Brandenburg wieder.

2. *Vor den Arbeitsgerichten erledigte Urteilsverfahren*

Häufigste Verfahrensgegenstände bei den Arbeitsgerichten zwischen 2007 und 2017 waren Kündigungen, gefolgt von Zahlungsklagen, Sonstiges, anderen Bestandsstreitigkeiten und tarifliche Eingruppierung. 2007[5] gab es vor den Arbeitsgerichten 100.702 Verfahren wegen Kündigung und 83.700 wegen Zahlung.[6]

Die Jahreshöchstzahl anhängiger Verfahren in diesem Zeitraum war für 2009 feststellbar, und zwar 173.076 wegen Kündigungen, und 106.191 Zahlungsklagen.[7] Danach sank die Anzahl der Verfahren. 2017 waren noch 129.086 Verfahren wegen Kündigung und 78.565 wegen Zahlungsklagen zu verzeichnen.[8]

Dass die Zahlen für Kündigungsschutzklagen zwischen 2007 und 2017 zurückgegangen sind, dürfte aufgrund der guten Konjunktur niemanden überraschen. Trotz diesem Rückgang konnten die Zahlungsklagen die Kündigungsschutzklagen nicht als häufigsten Verfahrensgegenstand überholen.

3. *Erledigungsart*

Die Arbeitsgerichtsbarkeit genießt seit einigen Jahren den Ruf, dass viele Verfahren vor dem Arbeitsgericht statt mit einem Urteil in einem Vergleich enden. Diese Beobachtung, nicht zuletzt durch die obligatorische Institutionalisierung des Gütetermins (§ 54 ArbGG) beabsichtigt, wird durch die Statistik eindeutig bestätigt. Vor den Arbeitsgerichten ist die häufigste Erledigungsart für Urteilsverfahren der gerichtliche Vergleich.

---

4 A. a. O., S. 18.

5 Ausschließlich Verfahren mit nur einem Verfahrensgegenstand.

6 Statistisches Bundesamt: Arbeitsgerichte, Fachserie 10, Reihe 2.8, 2007, erschienen 2008 (o. Fn. 1), S. 11.

7 Statistisches Bundesamt: Arbeitsgerichte, Fachserie 10, Reihe 2.8, 2009, erschienen 2010 (o. Fn. 1), S. 11.

8 Statistisches Bundesamt: Arbeitsgerichte, Fachserie 10, Reihe 2.8, 2017, erschienen 2018 (o. Fn. 1), S. 13.

2017[9] endeten 62,3 % aller erledigten Verfahren durch Vergleich und 2007[10] 55,5 %. Im Zeitraum 2007 bis 2017 wurden im Durchschnitt ca. 60 % aller erledigten Urteilsverfahren vor einem Arbeitsgericht mit einem gerichtlichen Vergleich beigelegt. Die Vergleichsquote vor den Arbeitsgerichten ist also über die Jahre relativ hoch und stabil geblieben.

Die zweithäufigste Erledigungsart für erledigte Urteilsverfahren war die Rücknahme einer Klage. 2007 wurden 15,5 % der Klagen zurückgenommen und 2017 14 %.

Im Zeitraum 2007 bis 2017 endeten im Durchschnitt ca. 14,5 % der erledigten Urteilsverfahren vor einem Arbeitsgericht durch Rücknahme einer Klage.

Die dritthäufigste Erledigungsart ist die sonstige. Diese Kategorisierung beruht auf den jeweiligen Anordnungen der Bundesländer, für Brandenburg beispielsweise auf der ArbG-Statistik vom 8. November 2010, Rubrik Q7.[11] Dazu gehören etwa die Abgabe an andere Gerichte und weitere Tatbestände, die sich nicht den Rubriken Q1 bis Q6 zuordnen lassen. In 2007 endeten 12,2 % und in 2017 9,5 % auf diese Weise. Im Zeitraum 2007 bis 2017 wurden im Durchschnitt ca. 9,3 % der Urteilsverfahren vor einem Arbeitsgericht erster Instanz durch eine sonstige Erledigung beendet.

Das streitige Urteil (einschließlich Vorbehaltsurteil) ist demgegenüber erst die vierthäufigste Erledigungsart. 2007 endeten 8,1 % der Verfahren mit einem streitigen Urteil und 2017 7,3 %. Im Zeitraum 2007 bis 2017 erfolgten somit im Durchschnitt ca. 7,5 % der Erledigungen durch ein streitiges Urteil.

Der Anteil der Urteilsverfahren, die mit einem Versäumnis-/Anerkenntnis-/Verzichtsurteil geendet haben lag 2007[12] bei 8,5 % und 2017 bei 6,7 %. Im Zeitraum 2007 bis 2017 endeten im Durchschnitt ca. 7,5 % der erledigten Urteilsverfahren vor einem Arbeitsgericht durch ein Versäumnis-/Anerkenntnis-/Verzichtsurteil.

Fast nicht mehr statistisch relevant war die Erledigung durch Beschluss über Arrest oder einstweilige Verfügung: 2007 0,0 % und 2017 0,1 % der erledigten Urteilsverfahren. Im Zeitraum 2007 bis 2017 endeten vor einem

---

9 Statistisches Bundesamt: Arbeitsgerichte, Fachserie 10, Reihe 2.8, 2017, erschienen 2018 (o. Fn. 1), S. 21.

10 Statistisches Bundesamt: Arbeitsgerichte, Fachserie 10, Reihe 2.8, 2007, erschienen 2008 (o. Fn. 1), S. 20.

11 Anordnung über die Erhebung von statistischen Daten in der Arbeitsgerichtsbarkeit (ArbG-Statistik) vom 8. November 2010.

12 Statistisches Bundesamt, siehe o. Fn. 10.

Arbeitsgericht im Durchschnitt ca. 0,08 % der erledigten Urteilsverfahren durch Beschluss über Arrest oder einstweilige Verfügung.

Durch Beschluss gemäß § 91a ZPO endeten 2007 und 2017 jeweils 0,2 % der Verfahren, im Zeitraum 2007 bis 2017 insgesamt ca. 0,12 %.

Vergleicht man alle Erledigungsarten der Urteilsverfahren vor dem Arbeitsgericht, dann fällt auf, dass die Verteilung der Erledigungsarten für den Zeitraum 2007 bis 2017 vor den Arbeitsgerichten erster Instanz weitgehend konstant geblieben ist. Große Abweichungen bei den Erledigungsarten haben in dieser Zeitspanne nicht stattgefunden.

4. *Verfahrensdauer der erledigten Urteilsverfahren*

In Ansehung der Verfahrensdauer der erledigten Urteilsverfahren vor den Arbeitsgerichten fällt auf, dass sie alle eine relativ kurze Verfahrensdauer haben.

2017[13] lag die die Dauer aller erledigten Urteilsverfahren (einschließlich Verfahren zur Gewährung von vorläufigem Rechtsschutz) deutschlandweit im Durchschnitt bei 3,1 Monaten, 2007[14] lag sie ebenfalls bei 3,1 Monaten.

Im Zeitraum 2007 bis 2017 lag die durchschnittliche Dauer aller Urteilsverfahren deutschlandweit (einschließlich Verfahren zur Gewährung von vorläufigem Rechtsschutz) bei 3,08 Monaten. Auch hier zeigt sich wieder, dass die Entwicklung bei den Arbeitsgerichten keine große Veränderung durchgemacht hat und die Lage konstant geblieben ist.

Für Kündigungen lag die Prozessdauer 2017 deutschlandweit im Durchschnitt bei 2,6 Monaten und 2007 bei 2,8 Monaten. Im Zeitraum 2007 bis 2017 lag die durchschnittliche Verfahrensdauer für Kündigen bei 2,7 Monaten.

Für Bestandsstreitigkeiten und Zahlungsklagen lag die Prozessdauer 2017 deutschlandweit im Durchschnitt bei 3,5 Monaten und 2007 bei 3,3 Monaten. Im Zeitraum 2007 bis 2017 lag die durchschnittliche Verfahrensdauer für Bestandsstreitigkeiten und Zahlungsklagen bei 2,7 Monaten.

Für isolierte Zahlungsklagen lag die Prozessdauer 2017 deutschlandweit im Durchschnitt bei 3,4 Monaten und 2007 bei 3,3 Monaten. Im Zeitraum

---

13 Statistisches Bundesamt: Arbeitsgerichte, Fachserie 10, Reihe 2.8, 2017, erschienen 2018 (o. Fn. 1), S. 45.

14 Statistisches Bundesamt: Arbeitsgerichte, Fachserie 10, Reihe 2.8, 2007, erschienen 2008 (o. Fn. 1), S. 44.

2007 bis 2017 lag die durchschnittliche Verfahrensdauer für isolierte Zahlungsklagen bei 3,3 Monaten.

Für die tarifliche Eingruppierung lag die Prozessdauer 2017 im Durchschnitt deutschlandweit bei 6,8 Monaten und 2007 bei 5,3 Monaten. Im Zeitraum 2007 bis 2017 lag die durchschnittliche Verfahrensdauer für die tarifliche Eingruppierung bei 6,6 Monaten.

Auch bei der Verfahrensdauer der erledigten Urteilsverfahren ist die Entwicklung bei den Arbeitsgerichten unverändert und stabil geblieben.

5. *Geschäftsentwicklung bei den Landesarbeitsgerichten 2007 bis 2017*

Bei den Landesarbeitsgerichten in Deutschland waren zu Beginn des Jahres 2007 in Berufungs-, Beschwerdesachen in Beschlussverfahren und in Beschwerdeverfahren nach §§ 78, 83 Abs. 5 ArbGG insgesamt 13.167 Verfahren anhängig[15]; diese Zahl konnte zum Ende 2017 auf 10.815 reduziert werden.[16]

Für die Jahre 2007 und 2008 hat die auf alle Bundesländer bezogene Statistik keine Daten über die Geschäftsentwicklung beim Landesarbeitsgericht Berlin-Brandenburg erfasst, wie auch nicht für die Landesarbeitsgerichte in Bayern, Hessen und Sachsen. Zahlen für diese fünf Bundesländer sind erst wieder ab dem Jahr 2009 verfügbar.[17]

Beim Landesarbeitsgericht Berlin-Brandenburg waren 2009 zu Jahresbeginn 943 Berufungsverfahren anhängig und am Jahresende 1.047.

Beim Landesarbeitsgericht Berlin-Brandenburg waren 2017 zu Jahresbeginn 655 Berufungsverfahren anhängig und am Jahresende 621.[18]

Während in der ersten Instanz der Vergleich mit großem Abstand die häufigste Erledigungsart der erledigten Urteilsverfahren war, sieht dies bei den erledigten Berufungsverfahren anders, wenngleich immer noch positiver als bei anderen Gerichtszweigen, aus.

---

15 Statistisches Bundesamt: Arbeitsgerichte, Fachserie 10, Reihe 2.8, 2017, erschienen 2018 (o. Fn. 1), S. 57.

16 A. a. O., S. 58.

17 Statistisches Bundesamt: Arbeitsgerichte, Fachserie 10, Reihe 2.8, 2009, erschienen 2010 (o. Fn. 1), S. 56.

18 Statistisches Bundesamt: Arbeitsgerichte, Fachserie 10, Reihe 2.8, 2017, erschienen 2018 (o. Fn. 1), S. 59.

2017[19] endeten immerhin 37,6 % der Berufungsverfahren vor einem Landesarbeitsgericht mit einem Vergleich und 2007[20] 38,6 %. Im Zeitraum 2007 bis 2017 endeten im Durchschnitt 38,1 % der erledigten Berufungsverfahren mit einem Vergleich.

Während die streitigen Urteilsverfahren vor dem Arbeitsgericht nur die vierthäufigste Erledigungsart waren, liegen sie bei dem Landesarbeitsgericht bei Berufungsverfahren gleichauf mit den Vergleichen.

2017 endeten 33,3 % der Verfahren mit einem streitigen Urteil und 2007 32,1 %. Im Zeitraum 2007 bis 2017 endeten im Durchschnitt 38,1 % der erledigten Berufungsverfahren mit einem streitigen Urteil.

2017 wurden 6,6 % der Berufungsverfahren durch eine sonstige Erledigungsart erledigt und 2007 12,2 %. Im Zeitraum 2007 bis 2017 wurden im Durchschnitt 6,8 % durch eine sonstige Erledigungsart erledigt.

2007 wurden 0,7 % durch ein Versäumnis-/Anerkenntnis-/Verzichtsurteil erledigt und 2017 0,5 %. Im Zeitraum 2007 bis 2017 wurden im Durchschnitt 0,6 % der Verfahren durch ein Versäumnis-/Anerkenntnis-/Verzichtsurteil erledigt.

2017 wurden 0,5 % der Verfahren durch Beschluss nach § 91 ZPO erledigt und 2007 0,5 %. Im Zeitraum 2007 bis 2017 wurden im Durchschnitt 0,5 % der Verfahren nach § 91a ZPO erledigt.

2017 wurden 1,7 % der Verfahren durch Beschluss nach § 522 ZPO erledigt und 2007 1,4 %. Im Zeitraum 2007 bis 2017 wurden im Durchschnitt 1,7 % der Verfahren durch Beschluss nach § 522 ZPO erledigt.

6. *Bundesarbeitsgericht*

Auch beim Bundesarbeitsgericht hat sich der Bestand anhängiger Verfahren Ende 2017 mit 1.195 fast der Zahl des Jahresendes 2002 – 893 – angenähert, hier allerdings mit einem Spitzenwert von 2.074 Ende des Jahres 2011. Dabei erfolgten im Jahre 2012 mit 4.024 Fällen die meisten Erledigungen im Erhebungszeitraum.

2007[21] waren zu Jahresbeginn 1.626 Verfahren beim Bundesarbeitsgericht anhängig und am Jahresende 1.717. 2017[22] waren zu Jahresbeginn 1.618 Verfahren anhängig und am Jahresende 1.195.

---

19 A. a. O., S. 61.
20 A. a. O.
21 A. a. O., S. 101.
22 A. a. O., S. 102.

II. Die Lage in der Finanzgerichtsbarkeit

Dieser Gerichtszweig weist die Besonderheit der Zweistufigkeit auf, kurz gesagt, es fehlt die Berufungsinstanz. Dieses hat im Wesentlichen historische Gründe, die noch aus der Einführung einer Umsatzsteuer 1918, den sog. Erzbergerschen Reformen der damaligen Reichssteuerverwaltung von 1920 und der Einrichtung von Landesfinanzgerichten 1922 resultieren.

Die rückläufige Entwicklung anhängiger Verfahren, die schon bei der Arbeitsgerichtsbarkeit beobachtet werden konnte, kann auch bei der Finanzgerichtsbarkeit festgestellt werden. Im Zeitraum 1995 bis 2017 ist bei den Neuzugängen und den erledigten Klagen vor den Finanzgerichten nach einem Anstieg Ende der 90er Jahre ebenfalls ein Rückgang der Verfahren um fast 50 % zu verzeichnen.[23]

Der Anteil der durch Urteil erledigten Klagen vor den Finanzgerichten, die länger als 12 Monate dauerten, betrug 2017 bundesweit 66 %, auf Landesebene war Mecklenburg-Vorpommern Spitzenreiter mit 88 % der erledigten Klagen, die länger als 12 Monate dauerten, während in Bremen dies nur bei 41 % der Fall war.[24] Insgesamt lagen neun Bundesländer über dem bundesweiten Durchschnitt, dazu gehörte auch Brandenburg mit 67 %.

1. Geschäftsentwicklung bei den Finanzgerichten

2017 gab es bei den Finanzgerichten in Deutschland zu Jahresbeginn 36.913 anhängige Klagen und 1.574 anhängige Verfahren zur Gewährleistung von vorläufigem Rechtsschutz. Am Jahresende gab es 35.560 anhängige Klagen und 1.413 anhängige Verfahren zur Gewährung von vorläufigem Rechtsschutz. Zählt man beide Kategorien zusammen, dann waren am Jahresende 36.973 Verfahren anhängig. Davon waren 258 Verfahren seit 2011 anhängig, 319 Verfahren seit 2012, 1.170 Verfahren seit 2013, 3.765 Verfahren seit 2014, 9.239 Verfahren seit 2015 und 22.222 Verfahren seit 2016.[25]

23 Statistisches Bundesamt: Finanzgerichte, Fachserie 10, Reihe 2.5, 2017, erschienen 2018, S. 10, abrufbar unter: https://www.destatis.de/GPStatistik/receive/DESerie_serie_00000105.

24 A. a. O., S. 9.

25 A. a. O., S. 14.

2. *Erledigungsart*

Durch Beschluss nach § 138 FGO (Erledigung der Hauptsache) wurden 2017[26] 33,6 % der Verfahren erledigt und 2007[27] 29,3 %. Im Zeitraum 2007 bis 2017 wurden 30,3 % der Verfahren durch einen Beschluss nach § 138 FGO erledigt.

Aufgrund von Einstellung wegen Zurücknahme der Klage (§ 72 FGO) wurden 2017 33,5 % der Prozesse erledigt und 2007 39 %. Im Zeitraum 2007 bis 2017 wurden im Durchschnitt 30,5 % der Verfahren aufgrund von Einstellung wegen Zurücknahme der Klage erledigt.

Durch Urteil wurden 2007 17,6 % der Verfahren erledigt, 2017 18,6%. Im Zeitraum 2007 bis 2017 wurden im Durchschnitt 18,8 % der Verfahren durch ein Urteil erledigt.

Durch Gerichtsbescheid 2017 wurden 4,7 % der Verfahren erledigt und 2007 4,1 %. Im Zeitraum 2007 bis 2017 wurden im Durchschnitt 4,7 % der Verfahren durch Gerichtsbescheid erledigt.

Durch Aussetzung oder Ruhen (FGO, ZPO) wurden 2017 4,4 % der Verfahren erledigt und 2007 5,1 %. Im Zeitraum 2007 bis 2017 wurden im Durchschnitt 4,3 % der Verfahren durch Aussetzung oder Ruhen erledigt.

Durch eine sonstige Erledigungsart wurden 2017 3,0 % der Verfahren erledigt und 2007 3,5 %. Im Zeitraum 2007 bis 2017 wurden im Durchschnitt 3,2 % der Verfahren durch eine sonstige Erledigungsart erledigt.

Durch Verweisung an ein anderes Gericht wurden 2017 0,7 % der Verfahren erledigt und 2007 0,2 %. Im Zeitraum 2007 bis 2017 wurden im Durchschnitt 0,8 % der Verfahren durch Verweisung an ein anderes Gericht erledigt.

Durch Verbindung mit einem anderen Verfahren wurden 2017 1,7 % der Verfahren erledigt und 2007 1,1 %. Im Zeitraum 2007 bis 2017 wurden im Durchschnitt 1,6 % der Verfahren durch Verbindung mit einem anderen Verfahren erledigt.

3. *Bundesfinanzhof*

2007 waren am Bundesfinanzhof zu Jahresbeginn 2.697 Verfahren anhängig, am Jahresende waren noch 2.484 Verfahren anhängig. Davon war ein

26 A. a. O., S. 16.

27 Statistisches Bundesamt: Finanzgerichte, Fachserie 10, Reihe 2.5, 2007, erschienen 2008 (o. Fn. 24), S. 14.

Verfahren seit 2000 anhängig, drei seit 2002, drei seit 2003, 22 seit 2004, 128 seit 2005, 440 seit 2006 und 1.887 seit 2007.[28]

2017 waren zu Jahresbeginn 1.716 Verfahren anhängig, am Jahresende noch 1.641. Von den 1.716 anhängigen Verfahren zu Jahresbeginn waren achtzehn seit 2013 anhängig, 112 seit 2014, 290 seit 2015 und 1.295 seit 2016. [29]

Die durchschnittliche Verfahrensdauer bei allen Verfahren vor dem Bundesfinanzhof betrug 2007[30] 9 Monate und 2017[31] 8 Monate.

Im Zeitraum 2007 bis 2017 lag die durchschnittliche Verfahrensdauer vor dem Bundesfinanzhof bei 8 Monaten. Die durchschnittliche Verfahrensdauer vor dem Bundesfinanzhof ist also konstant gleichgeblieben.

III. Reaktion der Justizverwaltung auf unterschiedliche Geschäftslagen am Beispiel Brandenburgs

Aufgrund der unterschiedlich starken Auslastung der jeweiligen Gerichtszweige plant die Landesregierung Brandenburg eine entsprechende Anpassung des brandenburgischen Richtergesetzes (BbgRiG). Zu diesem Zweck soll u. a. ein § 9a BbgRiG eingefügt werden, der die Übertragung eines weiteren Richteramtes ermöglicht.

Danach soll jeder Richterin und jedem Richter ein weiteres Richteramt übertragen werden können. Ohne Zustimmung der Richterin oder des Richters solle die Übertragung nur zulässig sein, wenn sie aus dienstlichen Gründen geboten und der Richterin oder dem Richter zumutbar ist.[32]

Der beim Landtag Brandenburg am 26. November 2018 eingebrachte Gesetzesentwurf der Landesregierung wurde mittlerweile in einer ersten Lesung des Plenums und in drei Sitzungen des Rechtsausschusses, darunter einer Anhörung, beraten. Ende Mai soll die Schlussberatung und die Erarbeitung einer Empfehlung an den Landtag im Ausschuss erfolgen.[33]

---

28 A. a. O., S. 26.

29 Statistisches Bundesamt: Finanzgerichte, Fachserie 10, Reihe 2.5, 2017, erschienen 2018 (o. Fn. 24), S. 32.

30 A. a. O., S. 28.

31 A. a. O., S. 34.

32 LT-Drs. 6/10010, S. 3.

33 ELVIS Parlamentsdokumentation, Landtag Brandenburg, abrufbar unter: https://www.parlamentsdokumentation.brandenburg.de/starweb/LBB/ELVIS/servlet.starweb?path=LBB/ELVIS/LISSHVP.web&search=V-315279.

Zum Gesetzesentwurf führt die Landesregierung in ihrer Begründung aus, dass mit der Regelung landesrechtlich klargestellt werden soll, dass z. B. auch Richterinnen und Richter anderer Gerichtszweige bei den Verwaltungs- oder den Sozialgerichten eingesetzt werden können (vgl. § 16 VwGO, § 11 Abs. 4 SGG). Mit dieser Übertragungsmöglichkeit können im Einzelfall Belastungsunterschiede ausgeglichen werden. Eine Zustimmung sei dann nicht erforderlich, wenn die Verwendung bei dem bisherigen Gericht nicht nennenswert eingeschränkt wird.[34]

Schon im Vorfeld der Einbringung des Gesetzesentwurfs (wohl nach § 22 Abs. 5 GGO Brandenburg)[35] wurde Kritik bezüglich dieser Gesetzesänderung u. a. von der Vereinigung der Verwaltungsrichterinnen und Verwaltungsrichter des Landes Brandenburg geäußert. Diese widersprach der ersten Fassung der vorgesehenen Einführung der Übertragung eines weiteren Richteramts mit Schreiben vom 28. November 2017. U. a. wurde vorgebracht, dass die vorgesehene Regelung § 9a BbgRiG nicht voraussetzungslos und ohne Bedacht auf die Beteiligungsrechte der Richtervertretungen (namentlich des Präsidialrats sowie des Richterausschusses) erfolgen könne, zusätzlich hielten sie eine zeitliche Befristung und ein Zustimmungserfordernis der Richterin/des Richters für nötig. Außerdem wurden Zweifel vorgebracht, ob die derzeitige gravierende personelle Unterausstattung im richterlichen Dienst der brandenburgischen Verwaltungsgerichtsbarkeit durch die Übertragung weiterer Richterämter, welche nur in wenigen Einzelfällen in Betracht kommen mag, den personellen Engpass lösen könne.[36] Nachdem das Ministerium der Justiz und für Europa und Verbraucherschutz (MdJEV) mit Schreiben vom 30. Juli 2018 die BbgVRV ein weiteres Mal im Rahmen der beabsichtigten Änderung des Brandenburgischen Richtergesetzes beteiligt hatte, fiel die Stellung der BbgVRV vom 3. November 2018 etwas positiver aus. Begrüßt wurde die jetzt im Entwurf enthaltene Einführung einer Beteiligung des Richterrates an Entscheidungen nach § 9a BbgRiG, allerdings wurde weiterhin vorgebracht, dass der

34 LT-Drs. 6/10010, S. 8.

35 Gemeinsame Geschäftsordnung für die Ministerien des Landes Brandenburg (GGO) vom 15. März 2016.

36 Stellungnahme der BbgVRV – Änderung des Brandenburgischen Richtergesetzes vom 28. November 2017, abrufbar unter: http://www.bbg-vrv.de/neuigkeiten/stellungnahme-der-bbgvrv-aenderung-des-brandenburgischen-richtergesetzes.

geplante Regelungstatbestand auch in die Zuständigkeit des Richterwahlausschusses fallen sollte.[37]

Auch in der Anhörung weiterer Interessentenkreise vor dem Rechtsausschuss des Landtages, neben der vorgenannten BbgVRV auch des Deutschen Richterbundes, der Neuen Richtervereinigung, der Arbeitsgemeinschaft sozialdemokratischer Juristen (AsJ) und eines LG-Präsidenten a. D., wurde der neue § 9a nahezu unisono (mit Ausnahme der der Landesregierung parteipolitisch nahestehenden AsJ) kritisiert.[38] Dabei richteten sich die Bedenken weniger gegen die grundsätzliche Möglichkeit der Übertragung eines weiteren Amtes, da dies schon durch § 27 Abs. 2 DRiG, wenngleich als Ausnahme, je nach Gestaltung auch durch § 42 DRiG geregelt sei, als vielmehr gegen die konkrete Umsetzbarkeit insbesondere bei unterschiedlichen Gerichtszweigen und Standorten sowie gegen eine unzureichende Beteiligung im Rahmen der gerichtlichen Selbstverwaltung.

Aufgrund eines gemeinsamen Antrages der Fraktionen der SPD, CDU, LINKEN und Bündnis90/GRÜNE beschloss der Rechtsausschuss in seiner Sitzung am 28. Mai 2019, die Möglichkeit der Übertragung eines weiteren Richteramtes zu streichen;[39] der ursprüngliche § 9a erhielt dabei einen anderen Inhalt, nämlich die Einrichtung richterlicher Gleichstellungsbeauftragten. Das neue Gesetz in der vom Ausschuss beschlossenen Form wurde in der Landtags-Sitzung am 12. Juni 2019 verabschiedet und im Gesetzblatt vom 20. Juni 2019 verkündet.[40]

37 Stellungnahme der BbgVRV – Änderung des brandenburgischen Richtergesetzes vom 3. November 2018, abrufbar unter: http://www.bbg-vrv.de/neuigkeiten/aenderung-des-brandenburgischen-richtergesetzes.

38 Protokollauszug des Rechtsausschusses (Landtag Brandenburg) vom 28. Februar 2019 (P-RA 6/40), abrufbar unter: https://www.parlamentsdokumentation.brandenburg.de/starweb/LBB/ELVIS/parladoku/w6/apr/RA/40-001.pdf.

39 Beschlussempfehlung und Bericht des Rechtsausschusses (Landtag Brandenburg) vom 06.06.2019 (LT-Drs. 6/11510), abrufbar unter: https://www.parlamentsdokumentation.brandenburg.de/starweb/LBB/ELVIS/parladoku/w6/drs/ab_11500/11510.pdf.

40 GVBl. I, Nr. 34, abrufbar unter: https://www.parlamentsdokumentation.brandenburg.de/starweb/LBB/ELVIS/parladoku/gvbl/2019/34.pdf.

F. Zusammenfassung und Ausblick

Lothar Knopp

Eine Gerichtsbarkeit, die dem effektiven Rechtsschutzgebot im Hinblick auf eine zeitangemessene Verfahrensdauer nicht mehr Rechnung tragen kann, weil ihrerseits die Personalressourcen erschöpft sind bzw. ihr die erforderlichen personellen und sächlichen Mittel fehlen, versagt dem rechtsschutzsuchenden Bürger letztlich die Verwirklichung der aus dem Rechtsstaatsprinzip resultierenden Gebote. Da die für die Justiz zuständige politische Institution aber die rechtsstaatliche Verantwortung für die benannte Ursache trägt, nämlich für eine i. S. d. rechtsstaatlichen Gebote „funktionierende" Gerichtsbarkeit zu sorgen, kann hier zumindest von einem „partiellen" und „temporären" „Staatsversagen" gesprochen werden. Ein Zustand, der aber durchaus als „reparabel" anzusehen ist, wenn zügig die erforderlichen Personalmittel für die betroffene Gerichtsbarkeit zur Verfügung gestellt würden, um zu verhindern, dass ein „Dauerzustand" bei der Verletzung rechtsstaatlicher Gebote eintritt. Zugleich müsste selbstverständlich auch qualifiziertes Personal gefunden werden.

Ein durch ein „überlanges" Verfahren betroffener rechtsschutzsuchender Kläger sollte auch die rechtlichen Möglichkeiten – Verzögerungsrüge und Entschädigungsklage, soweit deren Voraussetzungen vorliegen – nutzen, um besagten Zustand zu dokumentieren, er sollte sich davon „frei" machen, zu glauben, dass das zuständige Gericht bzw. die mit seiner Angelegenheit befassten Richter dies als „Affront" auffassen und dementsprechend in seiner Rechtssache einen negativen Standpunkt einnehmen könnten. Denn gerade auch für die mit den Verfahren befassten Richter ist es wichtig, auf diese Weise auf das vorliegend beschriebene Dilemma so mit Hilfe des Rechtssuchenden gegenüber den politischen Verantwortlichen hinzuweisen, insbesondere zugleich darauf, dass sie ihren vom Grundgesetz vorgegebenen Auftrag, eine zeitangemessene Verfahrensdauer im Einzelfall zu gewährleisten, nicht mehr erfüllen können.

Vergleichbar ist dies durchaus damit – wenn auch auf den ersten Blick der Vergleich „hinken" mag – dass ein Hochschullehrer seine in Art. 5 Abs. 3 GG (Wissenschaftsfreiheit) verbürgten Rechte auf Lehre und insbesondere Forschung nicht mehr auszuüben vermag, weil entweder das zuständige Wissenschaftsministerium der betreffenden Hochschule über die

Zuweisung eines Globalhaushaltes die angemessenen Mittel verweigert, die erforderlich wären, die entsprechende Umverteilung bzw. Zuweisung an die Fakultäten und diese an die Hochschullehrer vorzunehmen oder aufgrund von hochschulinterner „Misswirtschaft" vom Wissenschaftsministerium zugewiesene Mittel so verausgabt worden sind, dass eine leistungsgerechte und angemessene Zuweisung an die Hochschullehrer nicht mehr möglich ist.

Die jeweils politischen Entscheider müssen künftig endlich erkennen, dass der weitere Abbau von notwendigen Stellen im öffentlichen Dienst, resp. der Gerichtsbarkeit, zu einer Handlungsunfähigkeit der „dritten" Gewalt führen wird und zwar dergestalt, dass Gerichtsverfahren nicht mehr ihren verfassungsgemäß gebotenen Abschluss in „angemessener" Zeit finden können, ein Zustand der – auf Dauer gesehen – in der Tat geeignet ist, das hohe Prinzip des Rechtsstaats, zu dem sich das deutsche Grundgesetz bekennt, nachhaltig zu gefährden.

Herausgeber- und Autorenverzeichnis

Ass. iur. Simone Herzberg, LL.M.,
akademische Mitarbeiterin am Zentrum für Rechts- und Verwaltungswissenschaften der Brandenburgischen Technischen Universität Cottbus-Senftenberg (BTU CS).

Ass. iur. Louisa Linke,
akademische Mitarbeiterin am Zentrum für Rechts- und Verwaltungswissenschaften der Brandenburgischen Technischen Universität Cottbus-Senftenberg (BTU CS).

Prof. Dr. Dr. h.c. Lothar Knopp,
Lehrstuhl für Staatsrecht, Verwaltungsrecht und Umweltrecht und geschäftsführender Direktor des Zentrums für Rechts- und Verwaltungswissenschaften (ZfRV) an der Brandenburgischen Technischen Universität Cottbus-Senftenberg (BTU CS) sowie (für die BTU CS) Direktor des German-Polish Centre for Public Law and Environmental Network (GP PLEN) der Universitäten Wrocław (Breslau) und Cottbus.

Prof. Dr. Dr. h.c. Konrad Nowacki†,
ehemals Institut für Verwaltungsrecht an der Fakultät für Rechts-, Verwaltungswissenschaften und Ökonomie der Universität Wrocław (Breslau) sowie Mitdirektor am Zentrum für Rechts- und Verwaltungswissenschaften (ZfRV) an der Brandenburgischen Technischen Universität Cottbus-Senftenberg (BTU CS) sowie (für die Universität Wrocław) Direktor des German-Polish Centre for Public Law and Environmental Network (GP PLEN); verstorben am 23. September 2017 in Breslau.

Prof. em. Dr. Dr. h.c. Franz-Joseph Peine,
ehemals Lehrstuhl für Öffentliches Recht, insbesondere Verwaltungsrecht an der Europa-Universität Viadrina Frankfurt (Oder), Mitdirektor am Zentrum für Rechts- und Verwaltungswissenschaften (ZfRV) an der Brandenburgischen Technischen Universität Cottbus-Senftenberg (BTU CS).

Wolfgang Schröder,
ehemals Kanzler der Brandenburgischen Technischen Universität Cottbus-Senftenberg (BTU CS) und Direktor am Zentrum für Rechts- und Verwaltungswissenschaften (ZfRV) an der BTU CS.

Mag. Diana Stypula, LL.M. mult.,
akademische Mitarbeiterin am Zentrum für Rechts- und Verwaltungswissenschaften und am German-Polish Centre for Public Law and Environmental Network (GP PLEN) an der Brandenburgischen Technischen Universität Cottbus-Senftenberg (BTU CS).

Zeitfracht Medien GmbH
Ferdinand-Jühlke-Straße 7
99095 Erfurt, Deutschland
produktsicherheit@kolibri360.de